KB160661

인문교양총서 22

조선어학회 33인 열전

민족의 말은 정신, 글은 생명

●

이 상 규

인문교양총서 022

조선어학회 33인 열전

민족의 말은 정신,
글은 생명

이상규 지음

역락

식민 조선의 말과 글

언어는 풍화되며 탈골되어 부서지고 또 뒤섞이며 새롭게 만들어지고 인간 지식과 정보의 생명력을 창조하면서 사용자들 간에 상상의 공동체를 형성한다. 언어 절멸이라는 생태적 환경을 가장 격심하게 깨뜨리는 인위적 요인은 우리가 경험했던 바와 같은 식민 지배였다. 일본 제국주의에 의한 조선어 말살 정책, 곧 일본어 상용화 정책이 바로 그 실례이며, 지난 시대에 우리는 그러한 처절한 슬픈 역사적 과정을 경험해야 했다.

조선 500년의 왕조는 지배층과 피지배층의 갈등과 대립의 결과로 빚어진 통치 권위의 몰락과 서방 제국주의 팽창과 근대화의 물결과 맞물려 조선 왕조 체재는 일제 식민 지배로 휩쓸려 몰락의 길을 걷게 되었다. 2차 세계대전 종전의 부산물로 광복을 맞이한 우리나라는 내부적인 계급적 분열과 갈등으로 인해 결국 분단이라는 허망한 역사의 중간 귀착지에 이른 것이다. 대한제국에서 분단 조국으로 이어지는 그 틈새는

너무나 복잡다단한 인과적인 사건의 고리로 이어져 있다.

특히 일제의 조선 지배 초기부터 천황을 중심으로 내선일체라는 동화정책을 표방하면서 조선의 주류들로부터 자발적 동의를 이끌어내려는 전략이었다. 그 가운데 가장 중요한 방식은 일본어의 보급과 상용, 곧 '국어(일본어)'의 확장이라는 근대적 제국의 지배 방식을 이념화하는 데 전력을 쏟아 붓는다. 일본어야말로 일본의 정체성의 핵심으로 언어가 곧 순혈적 동일성을 확인할 수 있는 유일의 방법과 수단이 된다는 점에서 조선어는 일본어에 비해 열등한 변두리 언어로 내몰릴 수밖에 없었다. 조선어 말살 정책은 지배와 차별이라는 항등식의 이념이 일본 제국의 문명화론의 핵심이다.

조선총독부의 어용 언론이었던 ≪매일신보≫의 「동화의 방법」(1910.9.14.)에는 "동화의 급무는 어학이며 <중략> 교육을 확장ᄒ야 어학을 보급케ᄒ고 일반 인민으로 동화역에 제진ᄒ 는 것이 당국자의 제일급무"라는 내선일체 동화론을 확산시켰다. 1876년 강화조약 이후 동아동문회, 대일본해외교육회, 불교종대곡파본원사, 일본거류민단 등의 친일단체를 통해 일본어 보급을 추진하다가 1900년대 일진회라는 어용단체를 통해 조선 내에 34개의 사립학교를 설치 운영하고 있었다. 1896년 경성학당, 1899년 전주 삼남학당을 비롯하여 1900년 초에 이미 동래, 대구, 안성, 성진, 광주 등 11개교가 설립되었다. 1930년대에 접어들면서 도시뿐만 아니라 시골지역까지 일본어 교육기관이 실핏줄처럼 확장되면서 일본어는 선내 소통 언어로서의 지위로 점점 강화되었다. 1937년 7월 중일 전쟁의 승리 이후 제3차 교육령이 발표되고 조선어말살, 신사참배, 창씨개명 등을 추진하면서 1942년 5월에는 '국어(일어)보급운동요강'을 발표, 일어 상용화 정책을 범국민운동으로 전개하였다.

이러한 상황에서 한글은 조선인을 하나의 상상적 공동체로 묶어주는 조선의 정신으로 또 자아의 지향점으로 부상되었다. 한글 확산을 통한 이러한 민족적 결속은 주시경 선생이 중심이 된 한글학자들의 자성적 성찰의 결과였다. 한걸음 더 나아가 일제 탄압이라는 외적 동기에 의해 촉발된 민족어에 대한 자발적 관심은 상상적 언어 결속체 전반으로 확장되었다. 민족 독립과 자주를 주창하던 한글 운동가들은 그 어둡고 가파른 역사의 능성에서 우리말과 글을 일치시키고자 노력하였고, 이로써 계급을 뛰어넘는 말과 글을 지키는 문화운동이 시작된 것이다. 말과 글을 지키는 일은 곧 민족 독립 운동의 구체화된 실천 이념이자 방식이었다. 일본어 상용화 정책을 통한 주권의 말살에 대응한 문화 운동으로서 조선어학회가 추진해 왔던 한글 지킴이 운동은 민족 정체성을 깨치고 주권을 회복하는 실천적 탈식민 저항 운동이었다. 그 결과는 비록 분단은 되었으나 남북 공동으로 한글의 시대를 열어내는 영매 역할을 하였으나 그 중간 길은 너무나 험난하였다.

일제 식민 기간 동안 한글 운동을 전개하였던 조선학회의 구성원들은 좌우 혹은 중도적 성향을 띤 다양한 인사들로 결속하였으며 민족 광복이라는 묵시적인 공동의 목표를 가지고 있었다. 1929년 조선어학회의 핵심 사업인 조선어사전 편찬에 착수하면서 내외에 밝힌 조선어사전편찬회 취지서[1]에 조선어학회가 추구하는 목표와 방향이 또렷하게 드러나 있다. 독일 유학을 마치고 귀국한 이극로 선생은 이러한 우리의 현실을 직시하고 느슨해져 있던 조선어연구회를 조선어학회로 전환하고 곧 바로 조선어사전 편찬 계획을 발표함으로서 한글학자, 독립운동가, 언론인, 재계 인사를 망라한 당대의 지성 인사를 집결시켰다. 이극로 선생은 "말은 곧 민족의 정신이요, 글은 민족의 생명"이라는 어문민족주의를 기반으로 탈식민

---

[1] "금일 세계적으로 낙오된 조선 민족의 생생할 첩로는 문화의 향상과 보급을 급무로 하지 않을 수 없는 것이요, 문화를 촉성하는 방편으로는 문화의 기초가 되는 언어의 정리와 통일을 급속히 꾀하지 않을 수 없는 것이다. 그를 실현할 최선의 방책은 사전을 편성함에 있는 것이다."

운동의 거족적인 햇불을 당긴 것이다. 가장 험난했던 일제 식민 기간을 통해 우리 말과 글이 제자리를 찾을 수 있도록 어문 규범화와 조선어사전 사업을 순수한 민간단체의 힘으로 이끌어낸 것이다. 이러한 조선어학회의 노력은 오늘날 한글시대의 문을 연 단초가 되었으며, 한편으로는 탈식민 저항운동으로 그 빛을 발휘하게 되었다. 조선어학회는 광복 이후 한글학회로 탈바꿈하면서 학교 교육을 위한 교과서 제작, 교원 양성, 어문 용어의 통일 등의 난제들을 하나씩 해결하였다. 그러나 광복 이후 이들 구성원은 좌우 이념에 따라 남과 북으로 흩어지고 다른 한편으로는 한글 전용파와 한자 혼용파로 갈라져 남북 분단의 비극을 맞게 되었다.

지금까지 우리 학계에서는 조선어학회의 활동 성과와 조선어학회 사건을 피상적으로 조명함으로써 이들을 바라보는 박제화된 우리들의 시선 또한 크게 바뀌지 않고 있다. 국권회복이라는 공동의 목표 아래에서 좌우를 뛰어넘어 결속한 어문학자들이 해방공간을 거치면서 왜 다시 분열이라는 과정을 밟아야만 했을까? 조선어학회의 학술적 성과나 역할에 대해 새롭게 해석되어야 할 부분은 아직 학자들의 무관심으로 봉인된 상태로 남아있다.

한일합병 이전 대한제국은 이미 일본 통감부에 장악되어 조선의 교육용 언어는 모두 일본어로 한다는 기본 방침이 서 있었다. 1910년 이후 일제 식민지 정책의 핵심은 행정과 법률 관련 문서뿐만 아니라 모든 교과서까지 일본어로 만들어 일본어 상용으로 전환하는 것이었다. 이로 인해 우리의 말과 글은 피식민의 주변 언어로 전락하였다. 1911년 식민지 교육 방침을 담은 조선교육령에는 "보통교육은 보통의 지식 기능을 주고, 특히 국민(일본 황국신민) 된 성격을 함양하며 국어(일본어)를 보급함을 원칙으로 한다."고 명시되어 있다. 1922년 제2차 개정교육령, 1938년 제3차 교육령, 1943년 제4차 교육령까지 조선어 교육은 필수 교과목에서 수의 교과목으로, 마침내 조선어는 제도 교육에서 제외되었다. 이러한 일본어 상용 정책에 반하여 조선어를 지키고 보급하는 데 앞장 선 조선어학회의 활동은 한마디로 어문민족주의를 토대로 한 탈식민 어문 문화 운동으로 평가할 수 있다.

식민기간을 전후하여 조선어학회가 추진한 중요한 업적은 다음과 같다. 첫째, 3대 조선 어문 규정인 한글맞춤법 통일안, 사정한 조선어 표준말 모음, 외래어표기법 통일안 제정의 기본 골간을 확정하였다.

둘째, 최초의 우리 민족어 대사전을 완간하였다. 우리말의 둥지를 만들고 그 말과 글의 결을 다듬는 일을 칠흑같이 어두운 식민기간 동안 이루어 낸 것이다. 이 어찌 기적과 같은 일이 아닌가?

셋째, 국민 계몽운동의 차원에서 한글의 보급 운동을 <조선일보>, <동아일보>와 함께 추진하여 민족의식을 결집시켰다.

한글맞춤법 통일안 제정

1881년부터 1910년 사이에 서양의 선교사들이 신구약 성서를 번역할 때에 사용한 철자법과 조선총독부에서 1912년, 1921년, 1930년 세 차례 걸쳐 조선어 철자 위원회를 구성하여 교과서 편찬에 필요한 언문철자법이 있었다. 특히 조선총독부에서 시행한 1, 2차 언문철자법은 표음중심의 철자 표기 안이었으나 3차 개정 시에 장지영, 권덕규, 정열모, 최현배, 신명균 등이 가담하여 형태주의 철자법으로 확정되었다. 그런데 이는 주시경 선생이 제안한 <국문연구소 의정안>과는 상당한 차이가 있었을 뿐만 아니라 조선어 규범화의 주도권을 쟁취하기 위해 조선어연구회(조선어학회)를 중심으로 1930년 12월 13일부터 1933년 10월까지 약 3년 동안 한글맞춤법 통일안 제정을 지속적으로 추진하였다.

1930년 12월 13일 12명의 한글맞춤법 통일안 제정위원회(권덕규, 김윤경, 박현식, 신명균, 이병기, 이희승, 이윤재, 장지영, 정인섭, 최현재, 정열모, 이극로)를 구성하여 2년간 심의를 거쳐 1932년 12월에 맞춤법 초안을 완료하고 1932년 12월 22일 임시총회에서 제정위원 6명(이만규, 이세정, 이상춘, 이탁, 이갑, 김선기)을 추가로 증원하였다. 1932년 12월 26일에서 1933년 1월 4일까지 개성에서 1차 독회를 1933년 7월 25일에서 8월 3일까지 화계사에서 2차 독회를 거쳐 65항목 및 부록 9항목을 확정하였다. 1933년 10월 19일 조선어학회에서는 임시총회를 열어 한글맞춤법 통일안을 완성하였다. 총 433시간, 125차례에 걸친 회의를 통해 오늘날의 한글맞춤법 통일안의 원안인 <한글마춤법 통일안>을 1933년 10월 29일 오후 5시 30분 한글날 기념식에서 최종 발표하였다.[2]

사정한 조선어 표준말 모음

조선어사전의 올림말로 올릴 표준어를 제정하는 일 또한 매우 중차대한 과제였다. 1934년 12월 이윤재, 최현배, 이희승이 중심이 되어 전국 73명의 조선어표준어사정위원회를 중심으로 구성하여 1935년부터 1936년까지 활동하였다.[3]

표준어는 대체로 '전등어'와 '각립어' 가운데 전등어는 서울을 중심으로 한 가장 세력 있는 방언을 선택하고 각립어 또한 음운론적 분화형 가운데 역사적인 변화를 고려하는 동시에 그 세력권을 비교하여 조선어 표준말 선정 원칙을 정하였다.

1935년 1월 2일~1월 6일까지 온양온천에서 제1회 독회를 열었으며, 수정위원 16명을 선정하여 세부적인 수정을 거쳤다. 1935년 8월 5일~8월 9일까지 서울 강북구 우이동에 있는 봉황각에서 2차 독회를, 1936년 7월 30일~8월 1일까지 인천 제일공립보통학교에서 제3차 독회를 열었다. 이 과정에서 전

---

[2] 한글맞춤법 통일안 제정 과정에 대해서는 『한글학회 100년사』, 한글학회, 2009. 참고.

[3] 『사정한 조선어 표준말 모음』 완성 과정과 세부적 활동상화에 대해서는 박용규, 『조선어학회 항일 투쟁사』, 한글학회, 2013. 참고.

문용어를 보완하기 위해 이덕봉, 정문기, 송석하 등을 고문으로 선임하였으며, 특히 3차 독회 이후 수정위원이 중심이 되어 밤낮을 가리지 않고 초안을 마련하여 교육기관, 언론기관, 종교기관, 문필가 등 500여 곳에 배포하여 사정안에 대한 자문을 거쳤다. 최종 결과를 1936년 10월 28일 한글날 기념식(490주년)에서 '조선어 표준어 사정안'을 최종 발표하였다. 표준어 6,231개, 약어 134개, 방언 3,082개, 한자어 100개로 사정 어휘 수는 총 9,547개였다. 그 후 조선어학회에서는 이를 『사정한 조선어 표준말 모음』이라는 책자로 발간하여 배포하였다.

외래어 표기법 통일안 제정

대한제국에서부터 일제 식민을 경과하는 과정에서 외국말이 물밀 듯 밀려들어 오면서 외래어 표기는 매우 혼란스러울 수밖에 없었다. 일본식 표기, 중국식 표기, 한글 음차 표기는 뒤엉킨 실타래와 같은 모습이었다. 특히 지명과 인명 표기의 통일은 시급한 문제가 아닐 수 없었다. 조선사람들보다 조선을 더 사랑했던 헐버트(Hulbert)의 『ㅅ민필지』에 나타나는 세계 각국의 나라이름의 사례를 살펴보자.

"모든 나라흘 의론컨대 도모지 십구국이니 아라사국과 노웨국과 쉬덴국과 덴막국과 덕국과 녜뎨란스국과 벨지암국과 옝길리국과 블난시국과 이스바니아국과 포츄갈국과 쉿슬란드국과 이달리아국과 오스드리아 헝거리국과 루마니아국과 셰비아국과 만트닉그로국과 터키국과 스리스국이니 나라가 강ᄒᆞ고 군수가 졍ᄒᆞ며 직믈이 만코 지조가 긔이ᄒᆞ며 학업에 졍밀ᄒᆞ고 도학에 젼일ᄒᆞ며 졍ᄉᆞ는 도모지 빅셩의 ᄯᅳᆺ을 ᄯᆞ르며"『ᄉᆞ민필지』

이에 조선어학회에서는 1931년 1월 24일 외래어표기법 통일문제협의회를 구성하고 이극로, 정인섭, 이희승이 책임위원으로 정인승, 이중화, 최현배, 한병엽, 김선기 등이 참여하여 외래어 표기법 통일을 위한 조사와 연구 및 정리를 추진하였다. 1938년 가을에 11차 원안을 마련하여 『한글』 등 간행물에 실어서 시험으로 운용하면서 여러 차례 수정 보완을 하여 1940년 6월 25일 외래어 표기법 통일안을 완성하였다.

조선어학회에서 가장 심혈을 기울이며 추진했던 사업의 결과물은 『큰사전』이다. 조선어학회 사건으로 한때 잃어버렸던 일부 원고 뭉치를 되찾는 등 우여곡절을 겪은 『큰사전』 편찬 사업은 조선어학회에 이은 한글학회에서 1947년에 제1권(『조선어사전』)을 1949년에 제2권(제2권 이후에는 『큰사전』으로 이름이 바뀜)을 펴낸 다음, 1950년에 제3권 인쇄와 제4권 조판이 끝날 무렵 6·25전쟁이 일어나 다시 중단했다가 1957년에 6권(『큰사전』) 모두 완성했다. 3,804쪽, 16만 4,125개의 단어가 실린 최초의 우리말 대사전이 탄생한 것이다. 『말모이』 사전 사업을 추진하기 시작한지 28년 만에 이룬 민족적 쾌거였다.

한글보급운동

　조선어학회 33인의 구성원을 통해서도 알 수 있듯이 당시 언론사에 종사했던 조선어학회 인사들을 중심으로 <조선일보>와 <동아일보>와 합동으로 전개했던 문자 보급 운동은 민족계몽과 근대화의 불을 지핀 실천적 성과라고 아니할 수 없다. 조선어학회 사건은 일제에 대한 탈식민 투쟁인 동시에 민족 계몽과 우리 말과 글의 현대화라는 두 가지 관점에서 평가될 수 있다.

　이러한 과정에서 조선어학회 사건은 우발적으로 일어난 단순한 반 일제 저항이 아니라, 지속적이고 내면화된 민족 독립운동으로서 또 민족 계몽과 현대화의 횃불을 올린 거사라고 하지 않을 수 없다. 일부 일제에 대한 의존성과 철저한 투쟁성이 결여되었다는 비판과 함께 광복 이후 조선어학회 관련 인사들이 그들의 이념에 따라 남과 북으로 흩어지고 남한에 잔류한 인사들은 미국군정기와 대한민국 초기 정부에 입각한 인사들이 다수였다는 점에 대해서도 비판하는 견해도 없지 않다. 그러나 잊고 있었던 민족적 정체성을 '타자' 일제 식민지라는 그리고 미군정기라는 여과기를 통과하는 과정에 나타난 일부 일탈성에 대해서는 비판적 여지는 있지만 이를 근거로 하여 전면적인 비판을 하는 것은 옳지 않다. 조선인의 자주적 정신과 자아를 발견하는 구심적 역할을 했다는 점에 대해 결코 과소평가할 수 없을 것이다. 일제 당시의 조선 독립과 민족 자주를 실천한 그들의 투쟁성에 대한 평가를 결코 소홀하게 해서는 안 될 것이다. 또한 친일 혹은 대미 의존적 행위만을 부각시켜서 이들을 일괄 매도하는 분열주의적 시각도 경계하지 않을 수 없다.

조선어학회 사건 전모

조선어연구회는 주시경 선생의 문하생들이 주축이 되어 1921년 12월 3일, 우리말과 글의 연구를 목적으로 조직한 민간학술 단체이다. 이 단체는 근대 계몽적 관점에서 한글 연구와 교육 및 보급을 모색하였으나 주시경(周時經) 선생의 사망과 함께 역동성과 결속력을 잃어 가고 있었다. 그러나 1931년 이극로 선생이 독일 유학을 마치고 귀국하면서 국권회복 운동의 하나로 민족의 말과 글을 통일하고 또 우리 민족 말의 둥지인 조선어사전 편찬을 추진하기 위해 장지영, 김윤경, 이윤재, 최현배, 이병기 등 회원을 중심으로 조선어학회로 개편하면서 조선어학회는 한글을 통해 조선의 정신과 조선의 민족 자아를 찾는 학술 단체로 자리를 매김하게 되었다. 한글을 통해 식민화된 조선의 민족공동체 의식을 자각하도록 만들어 주었다. 광복 이후 조선어학회는 1949년에 한글학회로 다시 명칭이 바뀌었다.

조선어학회 사건은 1942년 10월 조선어학회에서 활동하던 인사들을 일제가 치안유지법(내란죄)의 명목으로 검거해 재판에 회부한 사건이다. 조선어학회 사건의 발단은 1942년 3월 중순경 함경남도 홍원군 전진역 대합실에서 시작된다. 당시 함흥의 갑부이자 육영학원 이사장 박동규의 아들 박병엽이 대합실에서 친구인 지장일을 기다리다가 불심검문을 하던 일경 후가자와(深澤)에게 불온 인사로 지목되어 홍원 경찰서에 연행된다. 홍원 경찰서 고등계 형사 주임 나카지마 타네쿠라(中島德藏)와 조선인 형사부장 안정묵 등으로부터 취조를 당한 후에 가택 수사를 받게 된다. 일경은 박병엽의 집에 함께 살던 질녀인 박영희(당시 함흥 영생고등여학교 학생)의 책상에 있던 일기장을 우연히 발견하고 압수하여 되돌아갔다.

넉 달이 지난 1942년 7월 하순 당시 조선인 경찰 형사부장인 안정묵이 박영희의 일기 속에 "국어(당시 일어)를 사용한다고 선생님으로부터 꾸지람을 들었다."라는 대목을 발견하고 안정묵은 눈이 동그라졌다. 당연히 일본말을 사용해야 하는데 일본말을 사용한다고 꾸지람을 한 선생이 누굴까? 다시 박영희를 찾아간 일경 나카시마와 안정묵은 겁에 질린 박영희를 다그치며 경찰서로 연행했다. 어린 박영희는 무시무시한 경찰서의 분위기와 압박해 오는 안정묵의 취조에 혼비백산했지만 박영희는 "'국어(일본어)'가 아니라 '조선어'로 쓸 것을 잘 못 썼습니다."라고 기지를 발휘했지만 이미 일경의 오라에 걸려든 상태였다. 일경은 일기장에 등장하는 박영희의 친구인 '이성희, 이순자, 채순남, 정인자' 등을 추가로 연행하여 취조하기 시작했다.

  결국 일기장의 주인공, 조선어 선생은 바로 조선어학회로 옮기기 전까지 함흥 영생여자고보에서 조선어와 영어를 담당했던 '정태진'임을 알아내었다. 일경의 조선인 앞잡이 안정묵은 대어를 낚은 것이다. 함흥의 홍원 경찰서 서장 니노미야(二官)와 주임 나카시마, 형사 즈네가와(恒川謙), 안정묵, 박동철, 윤광휘가 머리를 맞대었다. 서장 니노야마는 "어린 학생이 조선어를 국어로 잘못 썼다고 하니 사건을 종료하는 것"이 어떠냐고 제안하였다. 당시 그 지역 유지인 박동규의 구원 요청이 이러한 결정을 내리도록 교섭이 있었을 것이다. 그러나 예상 외로 안정묵은 강경했다. 영생여자고보의 교원들이 조선의 혼과 얼을 강조하며 어린 학생들을 선동하고 있으니 차제에 그 뿌리를 뽑아내야 한다는 안정묵의 주장대로 사건은 점점 눈덩이처럼 커지기 시작한다.

  1942년 9월 5일 함흥 홍원 경찰서 고등계 형사부장 안정묵이 찢어진 쥐 눈을 하고 조선어학회 사전편찬실에 밀어 닥쳤다. 어제같이 짙은 연녹색 나뭇잎이 노릇노릇 단풍물이 오르고 늦여름의 여운이 실린 가을바람이 몰려오고 있었다. 당시 임오교변(대종교지도자일제구속사건)과 조선어학회 사건도 모두 이극로 선생과 밀접한 관계가 있었다. 임오교변은 이극로 선생이 대종교 교주 윤세복에게 보낸 "널리 펴는 말"이라는 글이 빌미가 되어 대종교 관련자들을 대대적으로 검거한 사건이다.

또한 만주에 있던 윤세복이 '단군성가'라는 가사를 지어 경성에 있던 이극로 선생에게 보내 작곡을 의뢰했는데, 조선어학회의 이극로 선생의 서랍 속에 들어있던 이 가사를 안정묵이 찾아내었다. 이 증거물을 근거로 하여 이극노 선생을 비롯한 조선어학회 관련자들을 일괄 만주 독립군 세력과 긴밀하게 연계된, 반 매국 세력으로 얽어 넣어 조선어학회 중심적인 인물 33인을 일제히 구금 연행하는 결정적인 빌미가 되었다.

한편 그해 9월 5일 정태진이 경찰에 검거되어 조사를 받는 과정에서 조선어학회가 민족주의 단체로서 독립운동을 목적으로 하고 있다는 강압에 의한 자백을 해 버렸다. 당시 함흥여자고보에서 조선어학회로 자리를 옮겨 사전 편찬일을 맡고 있던 정태진 선생은 함흥결찰서로 연행되어 혹독한 취조와 고문을 당하게 된다. "내지(일본)의 말로만 사용하도록 법이 규정하고 있음에도 '조선어'를 연구하다니 게다가 그 놈의 빌어 먹을 '조선어'를 사전으로 만든다니." 안정묵은 정태진 선생에게 갱지 30여 매를 내밀면서 '조선어학회'가 어떤 일을 하고 있었으며, 어떤 사람들이 가담했는지 자술서를 상세하게 잘 쓰면 훈방 조치를 해주겠노라고 했다. 미국 유학을 갔다가 돌아온 지 얼마되지 않은 정태진 선생은 자기가 하고 있는 일에 대해 조금도 죄가 되는 일이라 생각하지 않았다. 정태진 선생은 알고 있는 범위 안에서 있는 그대로 4~5쪽 가량의 자술서를 쓰고는 다시 유치장에 돌아갔다.

이 자술서를 읽은 안정묵의 눈에는 핏발이 돋혔다. "이따위 조센징들이 있으니 나라가 어찌 되겠나?" 안정묵은 대일본 제국의 경찰을 능욕하는 이 놈을 무덕전(武德殿, 당시 경찰 요원들의 유도 검도 연습장)으로 끌고 가 완악한 고문을 여러 차례 가하였다. 몇 차례 실신을 한 후, "당신이 바라는 것이 무엇이오, 당신이 부르면 그대로 적어드리리라." 지칠대로 지친 정태진 선생은 그 익일 새벽부터 자술서가 아닌 타술 조서를 써 내려갔다. 핵심적인 요지는 "조선어학회는 조선 독립 투쟁자들의 집단이며, 조선어의 연구를 통해 민족 사전을 편찬하여 조선인의 얼을 살리고 궁극적으로는 조선의 자주 독립의 터전을 마련하는 일이다."는 내용이었다.

들불이 번지듯 이 사건은 확대되기 시작하였다.

1942년 10월 일본 경찰은 소위 '조선어학회사건' 관련자 일체 구금에 들어갔다. 조선어 사전편찬회의 발기인 108명 모두를 민족주의 사상을 지닌 반일본 불순분자로 판단한 일제는 이들 가운데 핵심 인사 33인에 대한 구금이 시작되었다. 10월 1일 이중화, 장지영, 최현배, 이극로, 한징, 이윤재, 이희승, 정인승, 김윤경, 권승욱, 이석린 등 핵심인물 11명이 1차로 검거되어 함경남도 홍원으로 압송되었고, 1943년 4월 1일까지 모두 33명이 검거되어 혹심한 취조와 고문을 당했다. 사건을 취조한 홍원경찰서에서는 33명 모두 반 일본 불순세력으로 내몰아 '치안유지법' 제1조의 내란죄 명목으로 전원 기소를 했다. 이들 중 16명은 기소되고 12명은 기소 유예되었다. 기소자는 예심에 회부되고 나머지는 석방되었다. 온갖 고문으로 말 못할 정신적 압박을 받고 함흥형무소에 수감되어 있던 이윤재 선생이 1943년 12월 8일에, 한징 선생은 1944년 2월 22일에 조국 광복과 조선어사전 편찬의 꿈을 이루지 못한 채 옥중에서 사망하였다. 장지영과 정열모 선생은 공소 소멸로 석방되었고, 공판에 넘어간 분은 12명이었다.

조국 광복을 7개월 앞둔 1945년 1월 16일 함흥지방재판소에서는 이극로 징역 6년, 최현배 징역 4년, 이희승 징역 2년 6개월, 정인승과 정태진 각각 징역 2년, 김법린, 이중화, 이우식, 김양수, 김도연, 이인 선생은 각각 징역 2년 집행유예 3년, 장현식 선생은 무죄 등의 1심 판결을 내렸다. 실형을 받은 이들은 1945년 조국 광복이 될 때까지 함흥감옥소에 수인이 되었다. 이 사건으로 조선어학회는 일제에 의해 강제로 해산 당했다. 광복 후 조직을 정비하여 1949년 9월 오늘의 '한글학회'로 이름을 바꾸어 다시 탄생한 것이다.

이 기간은 우리 역사에서 참으로 험난하고 어려운 시기였다. 때로는 자력으로 때로는 남의 힘으로 소리와 문자와의 결속을 통해 흩어지고 풍화되는 민족의 얼이 담긴 말과 글을 부여잡으려는 그들의 열정과 노력은 나라를 되찾는 탁월한 기획물이자 민족 정기를 하나로 모으는 지향점이 되었다.

조선어학회 사건 예심종결결정서

　조선어학회 사건에 대한 구술 자료나 회고 기록은 상당히 많이 남아 있지만 실증적 사료로서 재판 기록이나 검찰 공소 기록 그리고 변론 기록이 거의 남아 있지 않은 상황이다. 다만 1944년 9월 13일 함흥지방법원에서 선고한 예심종결결정서([사건번호 1943년 예 제11호])가 『건재 정인승 전집』 권6 부록에 일본어로 작성된 원문(269~323쪽)(당시 함흥지방법원 담당판사 나카노 도라로(中野虎雄), 담당서기(松川堯洽))과 번역문(242~268쪽)을 포함하여 상고심 조선고등법원의 1945년 8월 13일 판결문이 남아 있는 것이 현재 유일의 증빙 자료라고 할 수 있다. 상고심 판결문(형상 제59호)은 현재 국가기록원에 소장되어 있으나 원문 상태의 판독이 어려울 정도로 자료가 양호하지 않다.

● 1946년 조선어학회 수난동지회(10.1회원) (앞줄) 김윤경, 정세권, 안재홍, 최현배, 이중화, 장지영, 김양수, 신윤국, (가운데 줄) 김선기, 백낙준, 장현식, 이병기, 정열모, 방종현, 김법린, 권승욱, 이강래, (뒷 줄) 민영욱, 박형규, 정인승, 정태진, 이석린

함흥지방법원에서 선고한 예심종결결정서에 대한 법률적
분석은 정긍식 교수의 「조선어학회 사건에 대한 법적 분석」[4]
이라는 훌륭한 논문으로 발표되었기 때문에 이 논문을 중심
으로 사건의 전말에 대해 살펴보고자 한다. 먼저 이들이 법정
으로 송치되기 이전에 함흥의 홍원경찰서와 악명 높은 서울
서대문 경찰서에 강제 구치되어 혹독한 고문을 통해 작성했
던 조사 진술서 자료 발굴에도 힘을 쏟아야 할 것이다.

　　예심종결결정서의 구성은 (1) 대체로 조선어학회를 통한 항
일 운동에 참여자인 수인 명부, (2) 1심 재판 결정문인 주문,
(3) 선고 이유로 되어 있다. 수인 명부는 수인자 직위, 성명,
연령과 본적과 현주소가 기재되어 있다. 대구 출생인 이인 선
생처럼 태생지와 본적지가 일치하지 않는 분들도 있으며, 이
우식 선생의 경우 주소가 누락되어 있다. 조선어학회 사건과
관련하여 수사 대상에 오른 분은 총 33명이다.[5] 이 가운데 1
심 판결이 내리기 전, 미기소자와 기소유예 및 감옥에서 옥사
한 이윤재, 한징 두 분과 기소 취하한 장지영, 정열모 선생을
제외한 13명이 수인 명부에 기재되어 있다.

　　조선어학회 사건의 법정 절차는 이 사건이 발발한 1942년
9월 5일 정태진 선생을 연행한 때부터 광복 이틀 전인 1945년

[4] 정긍식, 「조선어학회 사건 애심종결판결문 분석」, 『애산학보』 32, 2006. 10, 97~140쪽.

[5] 한인섭, 「이인 변호사의 항일 변론 투쟁과 수난」, 겨레의 큰 스승 애산 이인 선생 추모 강연회,
　　2013. 5. 3.

8월 13일 상고심인 조선고등법원의 판결까지 약 2년 11개월 간 소요되었다. 먼저 경찰의 검거와 조사, 검찰의 조사, 예심, 제1심 지방법원 재판, 제2심 고등법원 재판의 과정을 거쳤다.

피의자 검거 과정은 1942년 9월 5일 함흥의 홍원 경찰서에 서 전 함흥영생여자고보 교원이었던 정태진 선생을 연행, 동 년 10월 1일 조선어학회 이극로 등 11명을 서울 서대문경찰 서에서 검거 연행하였다. 또 10월 18일 경남 의령에서 이우식 선생을, 10월 19일 경남 동래에서 김법린 선생, 10월 20일 경 북 김천에서 정열모 선생, 10월 22일 서울에서 이병기 선생, 11월 10일 서울 서대문경찰서에서 이인 선생을, 12월 23일 서 울 서대문경찰서에서 서승효, 안재홍, 김양수, 장현식, 정인섭 선생과 부산에서 윤병호, 전남 광양에서 이은상 선생을 검거 하였으며, 12월 28일 서울 서대문경찰서에서 김도연 선생을 검거하여 홍원경찰서로 이감하였다. 1943년 3월 6일 서울에서 서민호 선생을 3월 31에서 4월 1일 신윤국과 김종철 선생을 전국 각지에서 연행하여 악명 높았던 서대문경찰서와 함흥경 찰서에서 취조와 고문으로 조사를 진행하였다. 권덕규 선생과 안호상 선생은 건강상 이유로 검거를 하지 않았다. 1942년 9 월부터 1943년 3월까지 7개월 동안 조선어학회 관련자 33명 가운데 29명을 구금하였으며, 당시 증인으로 방종현, 곽상훈, 김두백 선생 등 50명의 증인을 출두시켜 조사하였다.[6]

당시 피의자 검거와 1차 조사는 함경남도 경찰부(도경)와 홍원경찰서에서 그리고 서울 서대문경찰서의 협조를 받아 진행되었으며, 관련 법규는 1941년에 개정된 치안유지법 및 관련 형법의 의해 치안유지법 피의사건(국가내란죄)에 적용 1943년 3월 15일 경찰조서를 완료하고 안재홍 선생을 제외한 인사들은 동년 4월 검찰에 송치하였다. 당시 동 사건의 조사를 맡은 자는 홍원경찰서 고등계 주임 나카지마 다네쿠라(中島種藏), 조선인인 고등계 형사부장 야스다 미노루(安田捻)과 고등계형사 니하라 동철(新原東哲, 박동철), 타다모토(尹東輝), 쓰네기와 켄지(恒川謙二), 가라야(假玉) 등이며, 함경남도 경찰부에서는 사찰계 주임 미냐기 요시오(皆木善男), 조선인 사찰계 주임 오하라 병훈(大原炳薰, 주병훈), 형사부장 시바타 겐지(柴田健治, 김 모 씨), 야스야마 다케시(安山武, 이 모 씨) 등 10여 명이다.

1943년 8월 말 경·검찰의 담당 검사 아오야기 고로(靑柳五郎)는 홍원 경찰서 구치장에서 경찰을 배석시킨 가운데 신문이 계속되었다. 당시 정인승 선생의 증언 기록에 따르면 검찰 신문이 끝나면 인근에 있던 경찰체육관으로 끌고 가서 기소 유지에 필요한 증언을 하도록 갖은 악독한 고문을 가하였다고 한다. 안재홍 선생은 1943년 3월 15일 불기소 석방되고 신윤국 등 6명은 기소 유예, 권덕규, 안호상 선생은 신병을 이유로 기소 유예하는 경찰안 대로 16명 기소, 12명 기소 유예, 신

---

6 한인섭, 『식민지 법정에서 독립을 변론하다』, 경인문화사, 2012.

윤국, 김종철 선생은 불기소처분을 내렸다. 1943년 9월 18일 일제 아오야기 검사는 본건을 기소하여 예심에 회부하였다. 1943년 9월 12~13일에 기소자 16명과 기소유예처분을 내린 12명을 추가 조사하는 명분으로 함흥 감옥으로 이감하여 사상범이라는 죄목으로 각각 독방에 감금하였다. 1943년 9월 18일 김윤경, 이만규, 이강래, 김선기, 정인섭, 이병기, 이은상, 서민호, 이석린, 권승욱, 서승효, 윤병호 등 12명은 체포한 지 1년이 지나 기소유예로 석방하였고, 이극로, 이윤재, 최현배, 이희승, 정인승, 정태진, 장지영, 이중화, 김법린, 이인, 김도연, 이우식, 한징, 정열모, 장현식, 김양수 등 16명은 예심에 회부하였다. 예심 담당 판사는 함흥지방법원 나카노 도라오(中野虎雄)이었다.

1944년 2월 예심에 넘겨 동년 4월 예심 판사의 심문을 거쳐 9월 30일 예심이 종결되었다. 이미 함흥 옥중에서 돌아가신 이윤재, 한징 선생을 제외하고 장지영, 정열모 선생은 증거 부족으로 면소하고 최종 12명은 정식 1심 재판에 회부되었다.

1944년 11월 말부터 1심 재판의 공판이 시작되어 한 번에 두서너 명씩 재판장에 끌려나가 예심종결 결정문 내용에 따라 재판이 진행되었다. 죄목은 최현배, 이희승, 정인승, 이극로, 정태진은 독립을 목적으로 한 결사조직인 조선어학회를 조직하여 그 목적을 수행하였으며, 이중화, 김법린은 이에 적극 가담하였으며, 이우식, 장현식, 김도연, 김양수, 이인은 이를 실행에 협의 도모하고 지원을 한 죄로써 모두 치안유지법(국가 내란죄)에 적용되었다.

1945년 1월 16일 함흥지방법원 재판부(주심 판사 니시다(西田勝吾))에서 이극로 선생 징역 6년, 최현배 선생 징역 4년, 이희승 선생 징역 2년 6개월, 정인승 선생 징역 2년, 정태진 선생 징역 2년의 실형을 선고하고 이중화, 김법린, 이인, 김도연, 이우식, 장현식, 김양수 선생은 징역 2년 집행유예 3년을 선고하였다. 당시 변론인으로는 한격만, 박원삼, 유태설, 나가시마(永島雄藏) 등인데 당시 변론 기록물이 남아 있지 않아 재판 진행 상황을 좀 더 구체적으로 조망할 수 없는 상태이다.

실형을 선고받은 이극로 선생, 최현배 선생, 이희승 선생, 정인승 선생은 고등법원에 상고하였으나 정태진 선생은 미결 구금일을 산정하여 곧 출소할 수 있었기 때문에 상고를 포기하였다. 1945년 1월 18일 이극로 선생 외 4명은 고등법원에 상고하였는데 당시 일제 검사 사카모토(坂本一郎) 역시 1심 형량이 적다고 판단하고 고법에 상고를 하였다. 1945년 몇 차례 상고 공판 기일을 지연시키다가 1945년 8월 13일 상고 기각으로 1심 판결을 원심대로 최종 확정하였다. 그러나 이틀 뒤인 8월 15일 정오 무렵 일본의 천황 히로히토가 폐전을 선언함으로서 일본 제국은 미·소 연합군에 폐망하였다. 대부분의 일반 수금자들이 석방되었음에도 이극로 선생 외 4명의 석방

은 지연되다가 함흥지방국 엄상섭 검사가 출옥 명령서를 제
출하여 8월 17일 자유의 몸으로 풀려나게 되었다.

농촌문화 앙양론과 한글보급운동

조선어학회의 한글 보급운동은 한글 민족 공동체를 만들기
위한 실천 운동으로서 한편으로는 농촌 계몽운동의 일환으로
전개함으로써 식민지 치하에서 조선인을 하나로 묶어내는 조
선인의 자주적 자아 발견의 지향점이 되었다. 특히 조선어학
회 33인 가운데 한 분인
민세의 「농촌문화앙양론」
은 한글 보급운동의 의의
를 잘 반영하고 있다.[7] 한
민족의 근원이 고향 농촌
이며, 공업과 산업의 발달
과 함께 그 근원 농촌의
자연 속에 흰 옷 펄럭이며,
일하면서 우리말로 도란도

• 조선일보 1927년 1월 16일자

---

[7] "푸른 산 그 너머에 또 푸른 산 있어 바라볼수록 아득하되 닭 울고 개 짖는 고장에 흰 옷자락
펄쩍 "그 누구요"하는 우리 말소리 들려오는 내 민족의 공동한 정서와 그 생존의 노력이 그대
로 각 사람의 가슴 속 감격을 울려주지 아니할 수 없다. 이것은 서울, 평양, 부산, 광주 또는
함흥, 춘천, 혜산진, 신의주라 하는 수도, 항도, 목재도시, 공업도시 등의 현대문명 집적의 책
원지가 국제 문화 교향의 살아있는 무대로서 빛나야 할 것과 마찬가지로 하고 많은 농촌과 장
터와 기타 조고만 전원도시가 모두 농민문화 또는 농촌문명의 근거지 되고 배양소가 되도록
기획, 설시, 계발, 선양시켜야 할 일이다."

란 이야기를 나누는 그의 꿈을 이야기하고 있다. 또 민세가 1938년 조선일보 사장 시절에 문화(지방)부장이었던 장지영 선생은 조선어학회와 연계하여 대대적인 농촌 계몽과 더불어 한글보급운동을 전개하였다. 국권 회복을 위해 농민들의 교양을 함양시키는 일이 무엇보다 급선무임을 깨닫고 하기 방학을 활용하여 한글보급, 기초 산수 등의 교양 강좌를 전국 단위로 확산시킨 민중 계몽운동의 깃발을 높이 든 것이다. 한글 문자보급운동의 도화선이 된 민세의 「귀향학생 문자보급반」(1929. 7. 14 조선일보)에 실린 글[8]에서 민중의 교양 증진을 위한 지름길이 한글보급임을 분명하게 밝히고 있다. 당시 강습소 교육만으로 충분하지 않기 때문에 방학기간 귀향하는 학생들을 통한 농민 한글보급운동이 전국적으로 확산되어 불과 3년 만에 문맹률을 20%나 줄이는 효과를 가지고 오게 된 것이다.

주시경 선생으로부터 물려받은 한글 계몽운동의 실천은 조선어학회 회원들이 이어받아 <조선일보>와 <동아일보>와 함께 본격화되었다. 김민수 선생의 『현대어문정책론』(조선문화사, 2007 : 509~571)에 실린 당시 <조선일보> 동료였던 최은희(1904~1984) 기자도 "1928년 5월 조선일보 4차 정간 중에 장지영 선생

---

[8] "신흥청년의 귀농 운동이란 이러한 까리를 밝혀봄에서 일어난 조선 현하의 중요한 사회 의식이다. 조선인에게 있어서 한글과 같이 그 자연의 성성 운율에 잘 들어맞고 따라서 배우기 쉽고 깨치기 쉽고 또 써먹기 쉬운 자 없으니 조선인으로서의 문자보급운동은 결국 한글보급운동이다. 본사에서 이제 하기방학 기간을 이용하여 귀향생 문자보급반을 주최하니 오로지 이 사정에 인함이다."

은 지원자들에게 매일 오후 4시 편집실에서 철자법을 가르쳤으며, 나도 배운 그 중의 한 사람이다."라고 회상하고 있다. 특히 장지영 선생이 1929년 여름 조선일보 지방부장을 맡으면서 본격적으로 '문자보급반'을 통한 문맹퇴치운동을 전국적으로 전개하였다. 이어 1931년 2월 문화부장을 맡으며

'브로나로드' 운동의 불을 당긴 것이다.[9] 이러한 추론의 근거는 당시 문자보급반 교재로 사용되었던 『한글원본』과 1935년에 간행된 『문자보급교재』 간행에 장지영 선생이 깊이 관여했다는 점에서도 알 수 있다. 이 당시 조선어학회와 함께 언론사가 추진했던 한글보급운동은 가장 강도 높은 탈식민 저항 운동의 하나였으며, 조선의 정신을 하나의 한글공동체로 묶어 주는 결정적인 계기가 되었다.

정진석(1997)의 「문자보급을 통한 농촌계몽과 민족운동」에

---

9 정진석의 「문자보급을 통한 농촌계몽과 민족운동」(『문자보급운동교재』, LG상암재단, 1997 : 12)에서 "바로 이 운동을 전개한 중심에 있었던 사람이 당시 조선일보 지방부장이었던 장지영 선생"임을 밝히고 있다.

따르면 1929년에는 409명의 대학생들이 문자보급운동에 참여하였고, 1930년에는 참여 대학생이 900여 명으로 늘어났다. 당해에 조선일보에서 무료로 배포한 『한글원본』이 9만 부나 되었다. 한편 동아일보에서는 1928년 4월 1일 '글 장님 없애기 운동'을 전개하였다. 일종의 문맹퇴치 운동이라는 이름으로 시작된 이 운동은 1931년 7월 15일부터 '브나로드운동'이라고 불렀다. 제1회 '브나로드운동'은 1931년 7월 15일 학생계몽대 조직을 위한 광고에 따르면 조선일보와는 달리 '조선문강습' 외에도 '위생강연', '학술강연' 등을 추가하여 식민 민중을 교화, 계몽하는 내용으로 진전되었다.[10] 당시 심훈이 쓴 『상록수』라는 소설은 이러한 시대적 배경을 그리고 있다. 초등학교 시절에 읽었던 『상록수』의 여주인공 영채가 시골에서 한글을 가르치는 모습은 영상처럼 내 기억 속에 남아 있다.

후에 신상옥 감독의 영화 <상록수>의 여주인공 영채는 최은희가 맡아 열연했는데 초등학교 시절 단체 관람을 하며 대부분의 아이들의 눈시울이 붉어졌던 추억이 새롭다.

참으로 놀랄만한 일이 아닐 수 없다. 참가자의 숫자나 활동

---

[10] 동아일보에서도 『한글공부』와 『일용계수법』이라는 교재를 개발하여 전국에 무료로 보급하였는데 그 성과는 1931년 제1회(7.21~9.20) 참가 학생수는 423명이고 수강 인원은 9,492명, 교재 30만부, 142개곳, 1932년 제2회(7.11~9.30) 참가 학생수는 2,724명이고 수강 인원은 41,153명, 교재 60만부, 592개곳, 1933년 제3회(7.12~9.30) 참가 학생수는 1,506명이고 수강 인원은 27,352명, 교재 60만부, 315개곳, 1934년 제4회(7.21~9.20) 참가 학생수는 1,098명이고 수강 인원은 20,601명, 교재 60만부, 271개 곳이다.(정진석의 「문자보급을 통한 농촌 계몽과 민족운동」(『문자보급운동교재』, LG상암재단, 1997 : 30)

지역을 보면 거의 전국을 망라한 총체적 문화·교육운동으로서 문맹률을 감소시키는 결정적인 역할을 한 것이다. 그토록 어려운 시기에 우리의 말과 글을 통해 하나의 민족 공동체로 뭉칠 수 있는 위력을 이끌어낸 것이다. 그러한 노력의 대가로 한글은 위대한 주인을 되찾아 주류와 비주류를 뛰어넘는 자유로운 소통의 통로로 한글의 시대를 열어내는 계기가 되었다.

조선어학회 사건에 대한 평가는 아직 때 이른 감이 없지 않다. 사료 조사가 너무나 불충분하다. 역사가들의 접근 방식과 어문학자들의 접근 방식의 차이에서 오는 통합적 평가 또한 매우 미진한 편이다. 예를 들면 국가보훈처의 국가유공자 공훈록에 실린 조선어학회 관련자에 대한 공로조서의 정보조차도 매우 부실하다. 광복 이후 좌우 이념에 따라 흩어지고 다시 한자와 한글 사용 대립으로 분산되어야 했던 조선어학회를 바라보는 시각은 다양할 수밖에 없었다. 곧 현대사를 바라보는 관점에 따라 한글 문화 운동을 통한 광복 운동으로서 조선어학회 사건에 대한 평가는 여러 갈래로 갈라져 있다. 그뿐만 아니라 어문학계에서조차 이들에 대한 저술 등 각종 사료에 대한 정밀한 분석 조사가 아직은 매우 미진하다.

조선어학회의 한글 운동의 성격에 대해 조선어학회 관련 인사들의 학문 연구의 성과와 당대의 활동 상황에 대한 정밀한 천착이 이루어지지 않은 상황에서 성급한 평가를 내리는 일은 자못 위험한 일이라 판단된다. 그러나 지금까지의 조선어학회 활동에 대한 연구 성과를 토대로 첫째, 민족 공동체의 정체성을 한글을 매개로 하여 공동체 의식을 일깨운 주체적 민족 광복 운동, 둘째, 문자의 과학화(어문규범 제정과 큰사전 편찬 등)와 자주화(한글보급운동)를 통한 현대성의 기반 마련, 셋째, 일제 식민지배에 대한 탈식민 저항 운동으로 평가할 수 있다. 다만 어문 통일이라는 관점만 지나치게 강조되는 과정에서 우리말의 다양성을 유지 발전하는 데에는 다소 실패하였음은 분명한 사실이다. 그리고 조선어학회에 대한 사상적 논쟁에 휩쓸려 조선어학회의 국어발전사에 기여한 부분이 축소되어 평가되기도 하였다.

이 책은 우리의 말과 글이 풍전등화처럼 일제의 굴레에서 말살의 위기를 겪는 동안, 우리의 말과 글을 지키는 일이야 말로 잃어버린 나라를 되찾는 일이라는 신념으로 희망의 땅을 일군 조선어학회 33인이 살아 왔던 삶에 대한 이야기이다. 서울시에서 추진하는 마루지 사업의 일환으로 서울 광화문 거리에는 조선어학회 33인 기념탑 조성사업이 진행되고 있는 데 정부(문화재청)에서는 '광화문' 한글 현판을 떼어 내고 '光化門'이라는 한자 현판을 도로 달았다. 그 앞에 세종대왕 좌상이 있다.

이미 대한민국은 '한글 공동체 사회'임을 깨달아야 한다.

이 책은 경북대학교 인문대학 교양총서의 기획 의도와 같이 심오한 학문적 성과가 아닌 조선어학회 33인의 약전 형식으로 구성하였다. 원고 분량의 제약으로 초고 원고를 1/3로 줄이는 바람에 내용이나 구성에 허점이 많을 것으로 생각된다. 앞으로 시간을 두고 부족한 점을 깁고 고쳐 나갈 것을 약속드린다. 조선어학회 33인이 겪었던 고통과 아픔을 우리 함께 되새길 수 있기를 기대하면서 머리글을 거둔다.

끝으로 선행 연구자들의 연구 성과를 일일이 주석을 달지 못한 점이나 특히 생지 부분에 대한 선학자들의 연구 내용을 활용한 점에 대해서는 깊이 해량해 주시길 바란다.

경북대학교 인문학술 총서로 선정해 준 본 대학에 감사를 드리며, 조선어학회 33인의 초상 그림을 활용할 수 있도록 허락해 준 권기철 화가와 한글학회 김종택 회장님께 이 자리를 빌려 감사드린다.

2014년 8월 15일
경북대학교 이상규

차례

제1장 민족 언어의 통일과 큰사전

1. 환산 이윤재 ▪ "나랏말의 표준화를 꿈꾸다"

말과 글은 한민족 정신을 담은 그릇

환산 이윤재(李允宰, 1888.12.24.~1943.12.8.) 선생은 1888년 12월 24일 경남 김해군 우부면 답곡리에서 아버지 이용준과 어머니 이임의의 맏아들로 태어났다. 여섯 살 때 서당에 다니며 한학의 기초를 닦았다. 20세 되던 해에 김해보통학교를 졸업하고 정달선 님과 결혼했다.[1] 환산 이윤재 선생은 1943년 12월 8일 조선어학회 사건으로 구금되어 혹독한 탄압과 고문으로 함경남도 함흥 감옥소에서 동년 12월 8일에 영면하셨다. 이윤재 선생의 아호는 '한메', '한뫼', '환산'이다.

---

[1] 환산의 부인인 정달선 여사는 환상의 묘소를 대구로 이장한 후 1974년 3월 대구 남산동(경북여고 뒷담 골목)에 셋째 딸 집에서 살다가 타계했다.

한메
이윤재
<1888~1943>

당시 조선어학회 회원들의 주선으로 경기도 광주군 중대면 방이리 묘소에 안장되었다가 그 후 묘소 터가 헐려나가면서 대구에 거주하던 셋째 딸 이연희 여사가 1973년 3월 대구직할시 달성군 다사면 이천동 속칭 돌산중턱에 환산의 부인인 정선달 여사의 묘소 옆으로 이장하였다. 장례식 때 세운 김윤경 선생이 지은 한글 비문도 묘소 이장과 함께 옮겨 왔다. 지금도 한글학회 대구지회에서는 10월 9일 한글날 기념식를 마치면 매년 환산의 쓸쓸하고 외로운 세월의 깊이가 포개어진 묘소를 참배하며 추모하고 있다.

환산은 1905년 김해 보통학교를 다니다가 1906년 대구 계성 중학교를 수학한 후에 다시 1908년 김해 보통학교 제1회로 졸업하였다. 그후 1918년에서 1919년까지 평북 영변에 있는 숭덕학교에서 교원으로 있을 무렵, 3·1운동 당시 조선독립선언문을 등사하여 배포한 혐의로 일차로 체포 구금되어 1년 6개월의 징역형을 받고 감옥살이를 하다 출소하였다. 그 후 1920년 7월 3일 마산 기독청년면려회 부회장에 선임되었다. 다음 해인 1921년 6월 환산은 중국 유학길에 오른다. 당시 북경에 있던 단재 신채호 선생을 만나 북경대학 사학과에서 3년간 수학을 하면서 조선의 독립에 대한 의지를 더욱 굳게 다짐하는 계기가 되었다. 그곳에서 흥사단에 입단하여 도산 안창호 선생과 만나게 된다.

1923년 여름 귀국한 그해 9월 21일 마산 기독교 청년면려회 회장직을 맡았다. 1924년 1월 28일 청년면려회 주최로 '정음강연회'를 개최하여 한글의 기원에 대한 강연을 하였다. 그해 9월부터 1년간 당시 민족주의 교학의 산실이었던 오산학교 교원으로서 조선어과목을 담당하였으며, 1925년 4월부터 1927년 3월까지는 서울로 되돌아와 협성학교 교원으로 일하였다. 그해 수양동맹회(수양동우회)에 가입하고 기관지 『동광』 발행을 도왔다. 1927년 4월부터 1930년 3월까지 경신고보에서 촉탁 교원으로 조선어와 작문을 지도하였다. 1930년을 전후하여 동덕여고, 배재고보, 중앙고보와 연희전문대 조선어 강사를 역임하였다.

환산이 처음 사전 편찬에 발을 디딘 것은 1927년 6월 계명구락부가 설립한 조선어사전편찬소이다.[2] 여기서 우리나라 최초의 사전인 『말모이』 사전 작업을 이어받아 추진하였으나 그 초고 원고를 김두봉 선생이 가지고 중국으로 가는 바람에 사전 편찬 작업은 중단이 되었다.

1929년 10월 31일 이극로 선생이 귀국하자 침체되어 있던 조선어연구회를 조선어학회로 바꾸고 또 민족 독립의 기초가

---

[2] 1911년부터 조선광문회에서 주시경, 김두봉, 이규영, 권덕규 등의 네 사람이 참여하여 『말모이』라는 사전 편찬 사업에 착수했다. 그러나 1914년 주시경 선생이 세상을 떠나고 김두봉이 상하이로 망명하자 말모이 사전 편찬은 거의 완성 단계에서 중단되어 버렸다. 현재는 그 첫째 권으로 보이는 '¬~갈죽'까지의 표제어가 포함된 1권만이 알려져 있을 뿐이다. 이 『말모이』는 '알기', '본문', '찾기', '자획찾기'의 4부분으로 구성되어 있으며, 각 올림말은 '외래어 표시부호−표제어−한자, 영자−문법용어−전문용어−의미풀이'순으로 되어 있다. 현재 수고본으로 남아 있는 말모이의 일부 원고에는 고유어 및 외래어, 전문용어가 표제어로 올라 있는데 어원, 용례 등이 없는 실용적인 성격의 사전이라 할 수 있다. 『알기』와 『본문』은 1986년 서울대학교 한국문화연구소에서 간행한 『조선문화』 제7집에 소개되었다.

될 조선어사전편찬위원회를 구성하는데 함께 상무위원으로 활동을 하게 되었다. 1931년 1월 6일 조선어편찬위원회의 간사에 선임되어 조선어사전 사업의 초창기의 기틀을 잡아나갔다. 한편으로는 조선어학회의 기관지인 『한글』지 1934년 4월(11호)부터 1937년 5월(45호)까지 편집을 맡았다.

1931년 환산이 출판한 『문예독본』은 당시 작문 교재로 상당한 인기를 끌었다. 그는 그 고료를 아낌없이 『한글』지 간행에 지원하였으며, 당시 사무실이 없어 자신의 집에서 편집에서부터 교정과 발송까지 손수 맡아 하였다. 1928년 5월에 서울 종로구 화동 129번지에 조선어학회 건물을 신축하는 데 자신이 살던 초가집을 팔아서 헌납하였다.

그는 사전편찬뿐만 아니라 한글 표기법의 통일을 위한 맞춤법통일안의 제정을 위한 제정위원, 수정위원, 정리위원으로 활동하면서 맞춤법통일안의 기초를 닦았다. 또한 표준어 사정위원과 수정위원으로 조선어사전에 실린 올림말의 선정을 위해 활동하였다. 이와 함께 맞춤법의 보급과 한글 교육을 위해 전국을 뛰어다니는 와중에 조선어 교재인 『한글공부』를 직접 저술하는 한편 맞춤법 관련 글을 조선일보(1933.11.12~12.20)에 31차례 연속해서 발표하였다. 전국을 순회하면서 한글 보급운동에 참여하면서 집필한 『한글공부』는 조선일보와 동아일보에서 한글 계몽운동 교재로 약 100만부 가까이 발간되었다.

당시 조선어사전편찬회의 간사장을 맡고 있던 이극로, 최현배 선생과 더불어 사전편찬에 따른 실무를 맡았다. 1932년 이극로 선생이 조선어학회의 기관지인 『한글』을 창간하면서 그 편집장을 환산 선생이 맡게 되었다. 환산의 『한글』에 대한 열정은 그의 셋째 따님인 이영애의 회고 기록인 「나라 사랑의 고행, 그 그늘 속에서」에 잘 나타나 있다.

1937년 6월 7일 수양동우회 사건에 연루되어 일경에 체포 구금되어 1938년 10월까지 서대문형무소에 2차로 수감되었다가 1년이 넘는 옥고를 치루었다. 1942년 조선어학회 사건이 발발되자 10월 1일 서울에서 체포되어 1943년 9월 21일 함흥형무소에 이감되어 가진 고문과 폭압을 이기지 못하고 1943년 12월 8일 56세의 나이로 세상을 떠났다.

환산은 국어학자이자 교육자였고 역사가였다. 그의 주요 저서와 논문으로는 『성웅 이순신』, 『문예독본』, 『문장독본』, 박지원의 원작을 초역한 『도강록』, 『대성인 세종대왕』 등 저서가 있고 신문 잡지에 발표한 글로는 '중국의 새문자', '터어키 문자 혁명', '한글 창제의 고심', '한글 운동의 회고', '모어 운동의 개관' 등 수없이 많다. 1976년 광복절에 대한민국 건국공로훈장이 추서됐다. 1992년 문화부에서는 그를 10월의 문화인물로 선정하였으며, 국립국어원에서는 『새국어생활』(제2권 제4호, 1992) 부록을 환산의 추모 특집 문집으로 꾸몄다. 그러나 현재 환산의 묘소는 현재 대구시 달성군 다사면 이촌동에 거의 방치되어 있었다.

• 현충묘역으로 이장 하기 전 환산 이윤재 선생 묘소(대구광역시 달성군 다사면 이천동 속칭 돌산중턱 소재). 현재 묘비만 쓸쓸히 남아있다. ⓒ 이상규

우리말과 글의 표준을 세우다

환산이 남긴 업적은 크게 한글 맞춤법 통일안, 사정한 조선어 표준말 모음, 조선어사전편찬 사업의 기초를 닦고 그 사업을 주도한 일이라고 할 수 있다. 환산은 표기법의 원칙을 세우는데 세 가지 중요한 원칙을 고수했다. 1) 표준 글을 쓸 것, 2) 소리 나는 대로 적을 것, 3) 어근에 맞게 쓸 것을 밝히고 있다.[3] 표준 표기의 필요성과 음소론적 표기법에 어간을 고정시킨 형태 음소론적 표기 원칙이다. 후에 『한글 맞춤법 통일안』 총칙 제1항에 고스란히 환산의 견해가 반영되어 있다.[4]

---

[3] 이윤재, 「조선글은 조선적으로」, 『신민』 제2권 제5호, 1926.

환산의 맞춤법 이론은 『한글강의』(1929~1930)에도 잘 나타나 있다. 조선총독부에 제정한 「보통학교교과서표기법」이나 「성경표기법」과 달리 국어의 역사적 변천을 바탕에 둔 맞춤법의 방향을 제시하였다. 첫째, 형태 음소론적 표기 방식에 따라 어간을 고정시킨 표기법, 둘째, 된소리 표기법으로 각자병서(ㅺ, ㅼ)에서 합용병서(ㄲ, ㄸ)로 표기할 것을 제안하여 박승빈과 오랜 논쟁을 거치기도 하였다. 셋째, 순한글식 표기, 넷째, 한자음 표기는 현대음을 중심으로 할 것. 다섯째, 불규칙 용언의 활용형은 표기법에 그대로 반영할 것을 제시하였다.

한글 맞춤법 통일안을 만들어가면서 이와 함께 조선어사전에 실을 올림말을 정리하기 위한 표준어 올림말을 선정하는 일을 병행하지 않을 수 없었다. 조선어학회 안에 표준어 사정 위원회를 조직하여 표준어의 올림말을 선정하여 『사정한 표준말 모음』을 간행하게 된다. 이 『사정한 표준말 모음』을 작성하는 기준은 우리가 눈여겨 보아야 할 대목이다. 환산은 표준어 사정 대원칙을 아래와 같이 기술하고 있다.

"표준어를 될 수 있으면, 전 조선 각 지방의 사투리를 있는 대로 다 조사하여 여기에 대조하여 놓는 것이 떳떳한 일이겠으나, 이것은 간단한 시일에 도저히 성취할 수

---

4 이윤재, 「한글 맞춤법 통일안 제정의 경과 기략」, 『한글』 제1권 제10호, 1934.

없는 것일뿐더러, 분량이 너무 많아 인쇄에도 곤란을 면하기 어려울 것이므로, 그리 못된 것을 매우 유감으로 생각하는 바이며, 여기에 유어로 대조한 것은 다만 서울에서 유행하는, 즉 서울 사람으로서 여러 가지 쓰는 서울 사투리만을 수용함에 그쳤습니다. 그리고 각 지방의 사투리 전부를 조사 수집하는 것은 이후 별개의 사업으로 할 작정입니다."[5]

환산이 생각했던 표준어는 서울말을 중심으로 하되 방언형 가운데 음성적 변이형태는 제외한다는 원칙이다. 곧 음운론적 변이형인 '각립어(各立語)'는 올림말로 수록하지 않는다는 원칙을 가지고 있었던 것이다. 곧 '하늘, 하눌, 하날'과 같은 완전 동의어(환산은 '각립어'라는 용어를 사용했다)는 그 음운론적 분화형 가운데 서울을 중심으로 표준화하고 '옥수수, 강냉이'나 '부추, 솔, 정구지'와 같은 '전등어(全等語)'는 비록 방언일지라도 어원이 다르기 때문에 표준어의 자격이 있는 대표형을 각각 뽑아 사전의 올림말로 삼으려는 원칙을 가지고 있었다. 바로 이 대목이 매우 중요한 환산의 언어관이라고 할 수 있다. 이러한 환산의 표준어의 관점은 자신이 쓴 『표준국어대사전』의 올림말 *표준어' 항목에 잘 나타나 있다.

환산의 국어학 이론의 궁극적인 목표는 통일된 표준 표기법

---

[5] 이윤재, 「사정한 조선어 표준말 모음의 내용」, 『한글』 제4권 제11호, 1936.

을 정착시키는 데 있었으며, 그것을 구체적으로 대중에게 확산시키는 일은 곧 사전편찬을 하는 일이라는 생각이었다.[6] 특히 전국에 흩어져 있는 다양한 방언 가운데 어원적으로 차이를 보이는 전등어를 올림말로 선정하고자 노력했던 환산의 언어철학은 높이 평가되어야 할 것이다.

잃어버린 나라를 되찾고 우리의 말과 글을 바로 세우려다 일제 감옥에서 쓸쓸하게 돌아가신 환산의 묘소 이장이 되었다. 국가보훈청의 주선으로 2013년 9월 28일(토) 경북 달성군 다사읍 이천동에서 대전 국립현충원 애국지사 묘역으로 이장하였다. 선생의 영구는 오후에 대전 현충원으로 옮겨져 3시 30분쯤 애국지사 묘역 1-1구역에 안장을 마쳤다. 안장식에는 유족과 함께 한글학회 김종택 회장, 김차균 부회장, 박용규 연구위원, 김한빛나리 총무부장이 참가하였다. 특히 이번에 한메 이윤재 선생의 묘소를 국립현충원으로 이장하는 데에는 박용규 연구위원이 여론을 모으고 유족을 설득하는 등 크게 기여하였다.

한글학회 김종택 회장이 쓴 이장 추모의 시를 소개한다.

---

[6] 이윤재, 「조선어 사전 편찬은 어떻게 진행되었는가」, 동아일보, 1935년 12월 20일자.

크게 웃으소서

선생님, 환산선생님.
너무 긴 세월
너무 먼 길 돌아
이제 고향에 오셨군요.
식민지 허기진 하늘
무심한 바람소리
멎은 지 오랜데
고향 오시는 길
너무 멀었습니다.
조국은 광복을 넘어
선진 대한이 되었고
그처럼 염원하던
한글, 한글문화는
온 세상에 흘러넘치고 있습니다.
사랑방처럼 드나들던
서대문형무소 돌담은 헐리어
독립공원에는 꽃들이 만발했고

차가운 함흥형무소 철문도
지난날이 부끄러워
돌아앉아 울고 있습니다.
광주군 중대면 산기슭 물소리도
달성군 다사면 산새소리도
모두 잊으시고
이곳 국립현충원
자랑스러운 고향마을에서
정다운 옛친구들
외솔 애산 건재선생들 만나
크게 웃으소서
술잔 높이 들고
우리가 이겼네 그려
한바탕 크게 웃으소서
환산 선생님, 큰 선생님
고이 고이 잠드소서.

2013. 9. 28.
환산 이윤재선생 국립현충원 드신 날
한글학회 회장 김종택 곡, 재배.

2. 효창 한징 · "옥중에서 산화한 한글운동가"

옥중에서 산화한 한글학자

효창 한징(韓澄, 1887.2.24~1944.2.22)[1] 선생은 호는 효창(曉蒼)이며 서울 남부 죽동(현 중구)에서 태어났다. 1893년에서 1921년까지 서당에서 한학을 수학했다.

1922년부터 시대일보, 중외일보, 조선중앙일보의 기자로 근무하면서 민족 언론 창달에 노력하였다. 1923년에 대종교에 입교하여 조선의 정신과 조선 민족의 자아를 찾는 데 관심을 갖게 된다. 한징은 환산과 더불어 1910년 최남선이 설립한 '조선광문회'에서 주시경, 김두봉, 이규영, 권덕규와 더불어 추진하던 『말모이』사전 편찬 사업에 참여하였다. 그후 1914년 주

---

[1] 한징 선생의 생몰 년월일 및 생지 내용은 한글학회, 『얼음장 밑에서도 물은 흘러』(1993)와 국가보훈처 「국가유공자 공훈록」, 박용규, 『조선어학회 항일투쟁사』(2012) 참조.

홍첨
한징

<1881 ~ 1944>

시경 선생이 돌아가시고 1916년에는 김두봉이 상해로 망명을 떠나자 우리나라 최초의 사전 『말모이』사전 편찬 사업이 중단되었다. 그 후 1927년 최남선을 중심으로 만든 계명구락부에서 최남선, 정인섭, 임규, 변영로, 양건식, 한징, 이윤재 7인이 조선광문회에서 추진하던 『말모이』의 남은 원고를 넘겨 받아 편찬 사업을 추진하려다가 또 중단되었다. 한징 선생은 이윤재 선생 등과 함께 1929년에서 1932년까지 조선어사전 편찬위원으로 활동하였으며, 1935년 조선어 표준어 사정위원의 사정위원으로 1936년에서 1942년까지는 조선어사전 편찬 전문위원으로 조선어학회에서 상근을 하였다.[2] 당시 조선어학회 사무실에서 함께 사전편찬 일을 했던 권승욱 선생은 한징 선생을 이렇게 회고하고 있다.

"원고를 속히 마치도록 합시다. 그래서 큰사전을 하루 빨리 활자화하여 얼른 세상에 퍼뜨려야지 까딱했다가는 모든 일이 수포로 돌아갈 우려가 있어. 왜놈들 하는 짓이 날로 수상해."

당시 2차 세계대전이 막바지에 이르면서 조선인에 대한 일제의 탄압이 더욱 가중되어 가고 있었다. 이 증언을 통해 한징

---

[2] 한글학회(2014 : 12)에서는 1935~1936년 조선학회 표준말 사정위원을 지낸 것으로 되어 있다. 조선어사전편찬위원도 1939~1942년으로 되어 있다.

선생이 사전 편찬에 얼마나 크나큰 집념을 가지고 있었는지 읽을 수 있다. 사전을 편찬하기 위해서는 무엇보다 선행되어야 하는 일이 한글의 맞춤법 통일과 표준어의 제정이었다. 한징 선생은 표준어사정위원회 위원이 되어 사정 심사에 참여하였고, 16명의 수정위원 또는 제안 설명위원이 되어 표준어 제정에 노력하였다. 그 뒤 사전편찬에 참여하여 활동하던 중 1942년 10월 조선어학회사건으로 붙잡혀 일본 경찰의 악독한 고문과 심문의 후유증으로 1944년 2월 22일 차디찬 함흥감옥에서 옥사하였다. 뒷날 이극로 선생은 "한징 선생은 조선어사전 편찬 사업에 종시 일관 관계하여 사전 편찬에는 누구보다 그의 공로가 크다고 하지 않을 수 없다."라고 선생의 역할을 높이 평가하고 있다.

효창 선생에 대한 사료는 거의 남아 있지 않다. 조선어사전 편찬에 구체적으로 어떻게 기여했는지 앞으로 관련 사료를 수집하고 재해석해야 할 것이다. 나라를 위해 희생한 효창의 넋을 기리는 일은 우리에게 남겨진 과제이기도 하다. 나라와 민족 공동체를 위해 그의 거룩한 희생적 죽음의 의미를 오래 지켜나가야 할 것 같다.

1962년 건국훈장 독립장이 추서되었다. 한징 선생은 대전 국가 유공자 애국지사 제1묘역에 안장되어 있다.

3. 고루 이극로 ▪ "조선 해방과 언어 민족주의"

외롭고 험난한 길

고루 이극로(李克魯, 1893.8.23~1978.9.13) 선생은 경남 의령군 지정면 두곡리 823번지에서 아버지 이근주와 어머니 성산 이씨의 5남 3녀 중 다섯째 아들로 태어났다.[1] 어린 시절에 마을 서당인 두남제에서 한문을 익혀 한시를 능숙하게 지을 수 있을 만큼 뛰어난 문재로 자라났다. 일제로부터 국권을 잃어버린 1910년에 마산 청산학교 고등과와 보통과를 마치고는 서간도 지역에 있는 동창학교에서 박은식 선생과 대종교 교주인 단애 윤세복을 만나면서 나라를 상실한 젊은 청년의 고난의 인생행로가 결정된다.[2] 고루의 생가인 경남 의령군 두곡리로

---

[1] 고루 이극로 선생의 생년은 1893년과 1896년 두 갈래인데 그의 박사학위논문 이력서에는 1896년으로 되어 있다. 월일도 베를린대학 이력서에는 4월 10일로 되어 있다. 고영근, 『이극로의 사회사상과 어문 운동』, 한국인물사연구소, 2006.

[2] 고루 이극로 선생의 생몰년월일 및 생지 내용은 한글학회, 『얼음장 밑에서도 물은 흘러』(1993) 참조.

고루
이극로
<1893 ~ 1978>

가는 길은 참으로 험한 산길로 이어져 있다. 식민 공간에서 광복 공간으로 이어지는 역사의 사슬에 묶여 있던 거대한 이념의 지붕 아래 한 지식인이 목숨을 걸었던 그의 삶의 행적을 밟아가 본다.

만주 땅에서 김두봉의 벗인 김진을 만나 함께 하기 국어강습반 교사로 활동하면서 우리말과 글에 대한 깊은 사랑과 그리고 민족 역사에 대한 자주 의식의 중요성을 배운 것 같다. 만주 환인현에서 200여 리나 떨어진 집안현으로 걸어서 고구려 역사의 현장을 둘러볼 만큼 민족 역사에 대한 탐구의 정열도 남달랐다. 이러한 고루의 열정은 이념의 비극적 이미지를 이끌고 역사 속으로 달려가고 있었다.

1913년 겨울 러시아 페티스부르크로 또 장춘, 하얼빈, 흑룡강에 펼쳐진 만주 벌판을 거쳐 그 이듬해 말에는 만주 퉁구스족의 민족 원류지인 바이칼주의 치타까지 가진 고초를 겪는 유랑을 하면서 신학문에 대한 배움의 열정을 향해 달려가게 된다. 고루는 고향 마을의 거부였던 안희제 선생이 설립했던 백두산 기슭에 있는 백산학교에서 잠시 조선어 교원으로 일하면서 단재 신채호 선생을 만나 영어와 독일어 등 어학의 훈련과 더불어 민족주의에 대한 사상적 깊이를 더해갔다.

1916년에 중국 상해에 있는 프랑스계 동제대학 예과에 입학하여 기초 독일어를 배우고 1921년 4월에 동제대학 공과에 입학하여 한 학기를 다니다가 이태준 선생의 안내로 몽골과 시

베리아를 거쳐 독일 유학길에 올라 1922년에 베를린대학 철학부에서 민족경제학을 공부하였다. 그는 독일 대학에서 법학, 인류학, 언어학 등 다방면의 학문 분야에 눈을 뜨게 된다. 유학 생활을 하는 동안 주전공인 경제학 관련 박사학위 논문을 준비하면서 한편으로는 조선의 말과 글에 대한 관심의 끈을 놓지 않았다. 한글 자모를 영어 알파벳처럼 모음과 자음으로 분할한 글자꼴을 손수 만들어 이광수가 쓴 『허생전』 몇 쪽을 실험 인쇄도 하였으며, 후일 김두봉이 쓴 『깁더조선말본』을 고루가 만든 활자로 인쇄하기도 하였다. 그의 창의적인 실험 정신과 도전 정신은 식민지가 된 조국의 혼을 일깨우는 열정으로 이어지게 된다.

베를린대학 유학시절 『조선의 독립운동과 일본의 침략정책』, 『중국공업론』, 『조선근세사』 등 다방면의 저서와 논문을 발표하였다. 특히 「중국의 생사공업」이라는 논문으로 1927년 5월 25일 박사학위를 받게 된다. 중국의 생사 공업의 중흥을 조국에 심어보려는 그의 원대한 꿈이 담겨 있는 논문이 아니었을까?

가난한 유학 생활을 통해 다져진 근면 정신과 실천 의지는 더욱 견고해졌으며, 그의 관심은 학문에만 머물러 있지 않았다. 1927년 2월 20일 벨기에의 브뤼셀에서 개최된 약소민족 대회에 독일 유학생 대표 자격으로 참석하여 식민 국권 회복을 위해 목소리를 높이기도 하였으며, 『조선과 대일본 제국주의의 독립 투쟁(KOREA und sein Unabhängigk eiteskamf gegen den japanischen Imperialismus)』이라는 진보적 성향의 저술을 발표하기도 하였다.(고영근, 2008 : 259~262)

그 후 귀국길에 올라 독일에서 함께 유학했던 신성모와 파리를 거쳐 영국에 도착하여 런던대학 정치경제학부에서 한 학기 동안 강의를 들었는데, 그곳에서 후일 그가 음성학에 관심을 쏟게 한 세계적인 음성학자 데니얼 존스 교수를 만나게 된다. 1928년 5월 프랑스 파리로 가서 파리대학 음성학부에서 우리말에 대한 실험음성분석을 하기도 했다. 그 후 유럽 곳곳을 돌아서 동년 6월 19일에는 미국 뉴욕으로 향했다. 이 시기에 고루는 해외에서 활동하던 장덕수, 허정, 한상억 등 민족구국 동지들과 폭넓은 연계가 되었을 것으로 보인다.

• 고루 이극로 생가(경남 의령군 지정면 두곡리 823번지). ⓒ 이상규

1929년 1월 하와이에서 일본을 거쳐 13년 만에 식민 조선의 가난한 농군의 아들, 이극노 선생은 국제적인 훌륭한 학자가 되어 꿈에 그리던 식민 조국의 땅을 밟게 된다. 귀국하자 고향에 잠깐 들렀다가 그해 4월에 곧바로 서울로 와서 조선어학회의 전신인 조선어연구회에 가입하면서 본격적으로 언어학자로서, 조국 광복을 위한 한글 문화 운동가로 변신하여 자신의 꿈을 실천으로 옮긴다. 일찍 선진 서구 문물과 학문 조류에 눈을 뜨고 조락해 가는 이 땅의 광복을 위한 민족구국 운동의 선두에 선 젊은 지성인으로서 그는 당시 언론계나 우국지사들의 기대와 조명을 받는다.

귀국하면서 이러한 자신의 꿈과 이상을 실현하기 위해 선택한 길은 조선어연구회를 통해 우리말과 글을 가르치고 조선 사람들의 의식을 깨우치는 일이었다. 당시 환산 이윤재, 외솔 최현배, 일석 이희승 선생과 달리 뛰어난 국어학자로서 큰 족적을 남기지 못했던 것은 바로 그의 이상과 꿈이 그들과는 달랐기 때문일 것이다. 후일 평양으로 들어가서 북쪽의 정권 창출에 기여하며 북의 어문정책에 깊이 관여한 것도 이러한 맥락으로 해석할 수 있을 것이다.

조선어사전 편찬

유럽에서 돌아온 고루는 아직 피가 끓어오르는 젊은이였다. 나라를 되살리는 길은 오로지 민족의 말과 글을 지키는 일이라는 데 뜻을 함께 하고 곧바로 한힌샘 주시경 선생의 문하생을 주축으로 하여 1921년에 결성된 조선어연구회에 가입한다. 식민 조국을 지켜줄 마지막 횃불이 조선의 말과 글이라는 믿음을 구체화한 보금자리가 바로 조선어연구회였다. 1931년 조선어연구회를 조선어학회로 명칭을 바꾸고 조선어사전 편찬, 한글맞춤법 제정, 외래어표기, 표준어 사정 등 민족 고유의 글과 말을 지키기 위한 핵심적인 일들을 주도하였다. 조선어학회를 중심으로 하여 말과 글의 규범을 만들고 표준어와 외래어의 표기법을 제정하는 일뿐만 아니라 바로 주시경 선생이 추진해 오던 하기강습소, 조선어강습원을 통해 우리말과 글을 민족 공동체로 확장시켜 나갔던 것이다.[3]

"우리가 쓰는 우리의 말이 퍽 많건마는 누가 그것을 한 번 조사하야 보았는가? 해변 어민에게서 들어보라. 모든 물고기와 모든 조개들의 이름이 다 있으며 궁향벽촌에 사는 무식한 목현에게서 들어보라. 우리가 보통으로 모르는 풀, 꽃, 나무 이름을 얼마나 알고 있는가? 이 모든 말은 다 그들의 혀끝에만 돌아다니고 아직 값이 있는 학술적 말이 되지 못하였다."

어촌이나 궁향 벽촌의 시골 사람들이 사용하는 말조차 얼마

---

3 이극로, 「조선어사전과 조선인」, 『별건곤』, 1928년 12월.

나 중요한 지식, 정보의 근원임을 그는 알고 있었다. 고루의 사전 편찬 사업의 추진 과정을 자세히 들여다보면 중심과 변두리의 언어를 통합하는 일을 사전을 통해 이루어 내고자 한 것이다. 고루는 1934년 5월 『학등』 제2권 6호에 실린 「조선어 사전 편찬에 대하여」라는 글에서 사전 편찬에 대한 목표와 의미를 "인류 문화를 구축하는 유일한 수단이 언어이며, 그 언어를 통해 민족 문화가 형성될 수 있다."라고 분명하게 밝히고 있다.[4] 고루 선생의 사전 편찬관은 곧 말과 글이야말로 지식과 정보를 교환하는 유일의 수단임을 간파하고 있었다. 이러한 사전 편찬의 뚜렷한 목표 아래 구체적으로 사전 정리 사업에 필요한 3대 목표를 1936년 1월 『신동아』 6권 1호에 발표하였다. 첫째, 철자법 통일, 둘째, 표준어 사정, 셋째, 외래어 사정을 꼽고 있다. 오늘날 우리가 사용하고 있는 조선 어문 규정인 한글 맞춤법, 표준어 규정, 외래어 표기법의 기본 골간을 이루어 낸 것이다.

철자법 통일을 위해 조선어 관련 학자 80여 명으로 구성된 위원회가 1차 개성 회의와 2차 화계사에서 개최된 양대 회의

---

[4] 이극로, 「조선어 사전 편찬에 대하여」, 『학등』 제2권 6호, 1934년 5월. "말과 글이 없고야 인류의 문화가 어디에서 생기며 또 그것이 어떻게 퍼질 수가 있으리오. 그러므로 문화의 기초는 곧 말과 글이다. 이것이 우리에게 이와 같이 큰 관계를 가진 것이므로 문화를 가지고 잘 살려고 애쓰는 민족으로서 제 나라 말 글을 바로 잡아 통일이 있게 만들어 표준사전을 편성하지 아니한 이가 없다. 〈중략〉 사전의 중대성과 그 편찬의 난관을 보아서 결코 한 두 학자의 책상머리에서 혼자 머리나 앓고 연구하는 것만 가지고는 풀릴 문제가 못되고 마땅히 어떤 조직 밑에서라야 될 것이다."

와 수정의원회의 의견을 수렴하여 1934년에 공포하였다. 다음으로 표준어 사정은 그동안 수집해 온 각종 올림말 자료를 여러 차례에 걸쳐 70여 명의 표준어사정위원회를 구성하여 1935년 1월 온양온천에서 제1차 회의, 1936년 8월에 우이동에서 2차 회의를 개최한 다음 실무자들의 수정회의를 여러 차례 열어 의견을 좁혀 갔다. 70여 명의 표준어사정위원회의 구성은 서울 경기지역 학자가 반수이고 나머지 반은 전국 각도별로 안배하여 표준어에 지역 방언이 최대한 반영될 수 있도록 배려했다. 그러나 자료 조사의 부족 등의 이유로 결국 지역 방언은 표준어의 올림말에 많이 등재되지 못하였다. 다음 외래어 심의는 나날이 늘어가는 외국의 고유명사에 대한 한글표기의 통일이 절실하게 필요했기 때문에 1932년에 각 신문사 기자들과 협의하여 무돌 김선기 선생을 비롯한 외래어 심의 전문위원 3명을 선임하여 외래어 및 외국 고유명사의 올림말과 표기 방법을 결정하도록 하였다.

올림말의 표기 통일을 위해 철자통일안(맞춤법통일안) 제정안을 만들면서 표준어 사정 작업의 결과를 1936년 10월 28일에 약 9,000단어를 모아『사정한 조선어 표준말 모음』을 공표했다.

해방 뒤에도 이극로 선생은 우리나라의 국어교육을 확립하고자 많은 활동을 하였다. 아울러 그의 진두지휘로 1947년 민족어사전인『조선어대사전』1권을 발간하였다. 그 후 1948년 4월에는 평생 독립운동에 몸 바친 김구 선생과 함께 남북협상에 참여하였다. 그 뒤 그는 북한에 잔류하였다. "말은 민족의 정신이요 글은 민족의 생명입니다. 정신과 생명이 있을진댄 그 민족은 영원불멸할 것이니, 또한 행복은 필연적일 것입니다."라고 외쳤다. 언어는 민족의 혼을 담는 공동체의 그릇이다. 현재 남북으로 국토, 국가, 민족이 분단되어 있지만, 다행스러운 점은 언어는 분단되지는 않았다는 것이다. 광복 후 고루와 함께 북으로 간 한글학자들의 노력으로 우리 민족의 말과 글이 남과 북에서 극단적인 분열을 막을 수 있었던 것이다.

이념의 독수리가 파먹어 버린 자신의 심장을 들여다본 프로메테우스의 심정으로 가난한 식민지 조선에 태어났던 한 지식인이었던 고루는 월북한 이후 자신의 고향을 얼마나 그리워했을까? 다시 되돌아오지 못한 그의 경남 의령군 고향 마을과 자신이 태어났던 집 어귀 돌담길과 고사목이 된 감나무의 등걸을 기억하며, 밤잠을 이루지 못한 시간이 얼마나 많았을까? 개인의 이상이 얼마나 허무하게 집단적 이념 앞에 무릎을 꿇어야 했는지를 자신은 알고 있었을 것이다. 그 엄청난 슬픈 불행을.

갈라지고 훼손된 분단 이전의 이 땅의 지성사를 연결하고 꿰매는 통합적 논의야말로 분단 역사의 아픔을 치유할 수 있는 길이지 않겠는가? 사상이 선택일 수 있는가? 한 개인이 지향하고자 했던 사유와 실천이 격랑하는 역사의 물여울에 휩쓸려야 하는 운명의 수레인가?

4. 외솔 최현배 ▪ "한글의 과학적 연구 기반 마련"

한글의 과학적 연구

외솔 최현배(1894.10.19~1970.3.23) 선생은 1894년 10월 19일 경
상남도 울산군 하상면 동리에서 최상수 님의 맏아들로 태어났
다.[1] 어린 시절 서당에서 한학을 배우다가 열네 살에 일신학교
에 들어가 신식 교육을 배웠으며, 열일곱 되는 해 서울 관립 한
성고등학교에 입학하였다. 그 무렵 대한제국은 기울어지고 일
제 강점기로 접어들자 이 학교도 경성고등보통학교로 바뀌었다.
경성고보에 다닐 무렵 틈틈이 조선어 강습원에서 조선어를 공
부하였다. 여기서 한힌샘 주시경 선생을 만나 강습원 초등과와
고등과를 2년 동안 배웠다. 이 무렵 외솔은 한힌샘을 도와 강습원
운영을 뒷바라지 하면서 한글 강습회 강사로 뛰어다녔다.

---

[1] 한글학회(2014 : 16)에서는 호는 외솔, 감매. 다른 이름은 현이, 한방우로 되어 있다.

외솔
최현배
<1894~1970>

　1913년 배달말글몯음(한글모)에서 개최한 조선어강습원 33명의 고등과 수료식에 같은 경남 동래 출신인 김두봉(1889~1960)이 나란히 졸업한 후 일제에 저항한 언어 민족주의 운동의 견인적인 대들보가 된다. 주시경 선생이 제창하던 민족의 얼이 곧 민족 공동체 언어라는 언어 민족주의 사상을 바탕으로 한 사람은 남에서 한 사람은 북에서 우리말과 글의 표준화와 과학화를 이끄는 선봉에 서게 된다.

　외솔은 스물두 살 되는 해인 1915년 일본 히로시마 고등사범학교 문과에 첫 조선인 학생으로 입학하여 교육학을 전공하였다. 기울어진 조국을 되살리기 위해 페스탈로치와 같은 올바른 교육자가 되는 것이 그의 꿈이었다. 당시 일제는 강제 의무 복무를 구실로 일제 군대에 입대하기를 강요했으나 이를 거부하고 고향인 울산으로 되돌아와 공부를 계속하였다. 스무일곱 되는 해에 동래고등보통학교 교원으로 재직하는 동안 현대 언어학적 안목으로 우리 말글의 문법 체계를 집대성한 『우리말본』의 기초를 잡았다. 2년 뒤 다시 일본으로 건너가 히로시마 고등사범학교에서 공부를 계속하다가 1922년 봄 동경 제국대학 문학부 철학과에 입학하여 사회학과 교육학을 전공하였다. 그 뒤 일본 나라외국어대학에서 조선어 교수로 재직하는 동안 『조선 민족 갱생의 도』를 집필하기 시작하였다. 그 후 그 내용을 동아일보에 60회 연재함으로써 식민 조국의 개혁과 혁신을 이끌며, 민족의 자긍심과 희망의 횃불을 당겨주었다.

1926년 조국으로 되돌아와 연희전문 교수로 12년 동안 우리말과 글의 기초를 닦았다.

　홍업구락부[2] 사건이 발발하여 외솔은 연세대학 교수에서 강제 사직 당하게 된다. 그러나 이 무렵 우리 말글의 문법서인 『우리말본』과 한글 문자의 우수성과 이를 국민 글자로 운용함으로서 지식, 정보를 소통하는 새 길을 열어낸 『한글의 바른 길』을 완성하였다. 이 당시 외솔은 이화여자전문학교 교수를 겸임하면서 조선어학회에서 조선어사전 편찬 사업에 깊이 관여하게 된다. 특히 대학 교단에 서면서 현대적 감각에 맞는 우리말본을 체계화하여 교과과정에 반영함으로서 후일 대학과 초중고의 문법 과목이 주요 과목으로 자리를 잡게 만드는 기초가 되었다.

　연희전문의 교수에서 해직된 3년 동안 외솔 선생은 훈민정음 창제 이후 출간된 각종 한글 전적을 두루 섭렵하여 한글의 역사적 발전과 변천을 조망할 수 있는 『한글갈』을 지어 훈민정음 발달사를 연구할 수 있는 기초를 마련하였다. 그 후 복직은 되었으나 강의를 맡지 못하고 도서관에서 한글 가로쓰기와 글자 자형의 공학적 연구로 『글자의 혁명』이라는 저술의 기초를 마련하면서 한글 연구의 외연을 크게 확장해 나갔다. 오늘

---

2 홍업구락부는 1924년 조선기독교청년회전국연합회(YMCA) 총무인 신흥우가 이승만이 운영하던 재미 조선인 단체 동지회와 자매 단체로 이상재, 윤치호, 유억겸, 안재홍 등이 1925년 3월에 결성한 단체이다.

날 한글의 서체 개발, 한글 서체의 예술성을 살리려는 노력들이나 손전화의 문자 자판의 구성 등 한글 문자의 공학적 연구나 손글씨 예술의 연구 기반이 바로『글자의 혁명』이라는 그의 이름 그대로 혁명적인 저서에서 이미 그 싹을 틔운 것이다.

조선어학회 실무 간사로 조선어사전 편찬 사업에 관여하면서 한글맞춤법, 표준어사정, 외래어표기법 시안의 이론적 기초를 닦았다. 특히 표준어 선정을 위해 다양한 지역 방언을 조사하기 위한 방언조사 질문지인『시골말 캐기 잡책』을 편찬하여 조선어학회 회원은 물론, 하계 동계 한글 강습회를 통한 조사와 대학생들의 방학을 이용한 방언 조사를 대대적으로 전개하였다. 외솔이 기획한 전국 방언조사는 하계방학을 이용하여 귀향하는 학생들이나 한글학교 교습생과 조선일보와 동아일보에서 전개한 한글보급 운동과 함께 실시한 전국적인 방언조사였다.[3] 그 결과는『한글』2호(1932.6)에서 104호(1947.6)에 74차례에 걸쳐 실려 있다. 한글 맞춤법 통일안을 만들어가면서 이와 함께 조선어사전편찬에 실을 올림말을 정리하기 위한 표준어를 선정하는 일을 병행하지 않을 수 없었다. 조선어학회 안에 표준어 사정 위원회를 조직하여 표준어의 올림말을 선정하여『사정한 표준말 모음』을 간행하게 된다.

1942년 10월 1일 조선어학회 사건이 발발하자 조선어학회 33인과 함께 함경도 홍원경찰서로 연행 구금되어 조사를 받은

---

[3] 이상규,『한국어방언학』, 학연사, 2003.

뒤 기소되어 4년이라는 중형을 받고 함흥 감옥소에 구속된다. 차디찬 감옥생활에서 감기와 잔병으로 신음하면서도 온 국민이 쉽게 우리글을 쓸 수 있는 국어문법의 틀을 마련하였고, 또 타이프라이터와 같은 한글 기계화와 과학화라는 명제를 풀어 내기 위해 혼신의 노력을 기울였다.

1955년 4월 23일 연세대학교에서 명예문학박사를 받았으며, 1958년 7월 15일에는 학술원 종신회원이 되었다. 고난과 영광의 함께 했던 험난한 외길, 그 길에는 외솔이 꿈꾼 이상과 희망이 있었기에 외형적으로 이룬 연세대학교 문과대학장, 부총장 등의 화려한 교수직을 그만 두고 1960년 12월 연세대학교를 떠나 명예교수로 남는다. 외솔은 교육철학자요, 그 실천가이자 나라 사랑의 선구자로 또 우리말과 글을 널리 알려내는 운동가인 동시에 학자로서 우리 말글을 현대적인 체계로 그 법리를 닦은 선구자였다. 외솔은 동학란, 청일전쟁, 의병란, 노일전쟁, 만주사변, 중일전쟁, 제1~2차 세계대전, 을사보호와 일제 강점기, 남북 분단과 한국전쟁, 4·19학생의거, 5·16 군사 혁명 등 파란의 세월을 건너 오며 온갖 비방과 핍박과 굴욕으로 점철된 격랑기를 오로지 나라 사랑과 우리 말글 사랑에 정력을 쏟아 부은 분이다. 그는 청렴과 정직한 기질을 바탕으로 살아왔기에 고비고비 험준한 산을 넘을 수 있었을 것이다. 그 한 예로 1949년 3월 24일 재단 법인 '한글집'을 창립할때 스스로 고향의 전답 1만 2천 9백 70평을 기부한 것을 보더

라도 한글 공동체를 얼마나 사랑했는지 짐작할 수 있다.[4]

한글파동과 국어 교과서

전후 세대들은 중고등학교에서 최현배 선생이 쓴 『말본』을 배우지 않은 이가 거의 없을 것이다. '문법'이 아니라 '말본'이고 '명사'가 아닌 '이름씨'라는 생경한 우리말의 뿌리를 되찾으려 그토록 애를 쓴 이유가 무엇일까? 이 문제는 앞에서 언급했듯이 다양한 지역 방언을 되살려 표준어로 삼으려고 의도했던 언어의 다양성과 언어 그 자체가 지니고 있는 유기적인 질서를 존중하는 언어생태주의의 철학관이 반영된 결과이다.[5]

광복 후 남한 정부가 수립되기 전 미군청정의 학무국에 편수과장으로 취임하고 장지영과 이병기 선생이 편수원으로 취임하여 남한의 어문 정책의 기조를 이끌게 되면서 서서히 한글파와 한자파 간의 핵분열이 시작된다. 한편으로는 이승만 정부 초기에 조선어학회를 통해 오랜 고심 끝에 마련한 한글맞춤법통일안 자체를 뒤엎으려는, 이승만 대통령이 제안한 소위 한글파동이라는 소용돌이로 휘말려 들게 된다. 1946년 2월 학무국 편수과가 편수국으로 위상이 높아지고 외솔과 장지영 선생이 각각 국장과 부국장을 맡게 되면서, 당시 초중고의 교

---

[4] 한글, 「외솔 최현배 선생의 해덕이」, 한글 제207호, 한글학회, 1999.

[5] 이상규, 「외솔 최현배 선생의 언어생태주의적 언어관」, 울산시 주최 한글날 기념 학술대회, 2012. 10. 9.

과서 제작과 관련된 교육심의회의 교과서 분과의 책임을 맡아 국어 및 공민 교과서 편찬에도 상당한 역할을 한 것으로 보인 다. 이 과정에서 외솔이 일관되게 주장해 오던 가로풀어쓰기 와 한글 전용 문제가 경성제국대학 출신인 도남 조윤제, 심악 이숭녕, 김형규 선생의 반대의 벽에 부닥치게 된다.

민간정부 수립의 기초가 될 제헌 헌법을 제정하는 과정에서 한글로 된 제헌 헌법 제정 건의가 받아들여지고 1948년 10월 9일 법률 제6호로 "대한민국의 공문서는 한글로 쓴다"는 결정 을 이끌어 내었다. 다만 필요할 때에는 "한자를 병용할 수 있 다."라는 단서 조항이 달린 내용이 법으로 공포되었다. 사실은 미군정기인 1945년 9월 7일 맥아더 극동군 사령관이 포고문 제1호 제5조에 "군정 기간에 영어를 모든 목적에 사용하는 공 용어로 한다. 영어 원문과 조선어 또는 일본어 원문에서 해석 이나 정의가 불분명하거나 같지 아니할 때에는 영어 원문을 기본으로 한다."라고 규정하여 자칫 당시 점령군인 미국의 제2 의 영어 식민화가 지속될 가능성도 없지 않았다. 그러나 그해 9월 17일 일반 명령 제4호에 따라 9월 24일부터 공립소학교(초 등학교) 개학과 더불어 중등학교 이상의 학교도 개학토록 조처 하였다. 이 일반 명령에 향후 공교육에서 사용될 언어를 규정 하는 "전 조선 학교 교육의 교수 용어는 조선 국어로 한다."로 명시하였다. 이에 따라 1945년 9월 1일 미군정청 학무국은 우 리말로 된 첫 초중등 국어교과서 편찬을 조선어학회에 일임하였다. 『한글첫걸음』, 『초등 국어 교본』(상, 중, 하), 『중등 국어 교본』(상, 중, 하)를 포함한 『한글 교수 지침』까지 초중등학교에서 사용될 국어교과서를 제작하였으며, 특히 외솔이 강조해온 민주시민사회 교육의 목표에 맞춘 공민 교과서 『초등공민』(1~6), 『중등공민』(1~4) 등 12종의 교과서를 개발하여 무상으로 학무국에 전달하여 공식적인 국어 교과서가 탄생되게 된 것이다.

학교 교육에 사용될 조선어를 순 한글로 할 것인지 한자를 병용할 것인지의 문제가 본격적으로 제기된다. 1945년 9월 1일~24일 사이에 조선어학회에서 개최한 조선어 강습회에서 장지영 외 30여 명으로 구성된 한자폐지실행회가 구성되고 11월 30일 숙명여고 강당에서 이극로 선생 외 70여 명의 위원회가 구성되어 한자 폐지 운동을 전개할 것을 결의하고 "교과서에 한자를 폐지하라."는 건의문을 미군정청에 제출하였으며 12월 8일에는 사회 각계 인사 80여 명으로 구성된 조선 교육 심의회의 결의문을 채택하였다.

한자파의 거두인 난정 남광우 선생(1992 : 652)은 이렇게 회고하고 있다. "광복이 되자 북한에는 소련군 주둔하였는데 소련에서 돌아온 공산주의자 김일성 주도 하에 한글 전용이 시행되고 남한에서도 미군 진주 하에 영어를 잘 하는 친미 인사들과 한글 전용자들의 영향력이 컸기 때문이다. 1945년 12월에는 조선교육심의회가 초중등 교육에서는 원칙적으로 한글을 쓰고 한자 안 쓰기를 결의했었다. 새 정부 수립 후에는 미국에서 돌아온 대통령, 한글 전용자 문교부장관(안호상 초대 장관), 무엇보다도 조선어학회의 건의도 있었지만, 군정 시대부터 계속 6년 동안 주무 국장 자리에 있던 한글 전용의 영수인 인사(최현배 선생)에 의해 한글 전용이 주도되었다." 이 당시 상황에 대한 난정의 발언에는 한글 전용파와 한자파 간의 분열을 예고하고 있으며, 특히 외솔에 대한 우회적인 비판은 김민수로 이어져 "구세기적 관렴, 선입견, 비정상적인 과거"라는 등의 비판으로 이어지게 된다.

외솔은 1948년 9월 한글파동을 마무리하는 차원에서 편수국장 자리에서 물러나와 1449년 9월 5일 조선어학회를 오늘의 '한글학회'로 명칭을 바꾸고 이사장에 취임한다. 1949년 7월 학교 문법 용어 통일에 대한 문제는 "당분간 한 개념에 대하여 순수한 우리말로 된 것과 한자용으로 된 것의 두 가지"를 함께 쓰는 것으로 결정되었지만 이 문제는 1967년 7월 이희승과 남광우 선생이 주도하는 '조선어문교육회'의 결성과 더불어 1970년 11월 25일 '한자교육부활촉구 성명서'를 발표하면서 검인정 문법교과서의 문법 용어 통일 논쟁으로 불길이 옮겨 붙게 된다. 1968년 10월 9일 박정희 대통령은 '알기 쉬운 표기 방안'을 강구하도록 조처하면서 이 땅에 공공문서와 각종 교과서는 한글을 기본으로 표기하는 한글 전용화를 위한 담화문을 발표하였다. 1970년 1월 1일 이후 역사적인 한글 전용의 시대로 접어들게 되었다.

〈박정희 대통령 한글 전용화 담화문〉

"배우기 쉽고 쓰기 쉽고 과학적인 한글을 전용함으로써 민족의 자주성을 확립하고 민족의 긍지와 국가의 권위를 바로 세우자는 것이며, 시간과 노력을 절약하여 능률적인 국어 생활을 함으로써 시급한 조국 근대화의 결실을 앞당기자는 것이며, <중략> 오늘 뜻깊은 '한글날'을 맞이하여 지난날 민족 수난기에 우리 겨레의 '말'과 '글'과 '얼'을 지키기에 목숨까지 바쳐 공헌한 선각자들의 애국충절을 추모하고, 오늘날에 있어서도 민족 문화의 창달을 위해 애쓰시는 학자·문화인 및 그 밖의 국민 여러분의 노고에 대해 진심으로 치하하는 바입니다."

1968년 10월 9일 박정희 대통령의 담화문 중에서

세종의 한글 창제와 고종의 한글의 국자 선언과 조선어학회의 한글맞춤법 통일안 제정에 이어 박정희 대통령의 한글 전용화 선언은 우리나라의 언어 소통 방식의 일대 혁신적 변화를 이끌어 낸 4대 개혁조치라고 할 수 있다.

외솔의 한글 운동의 목표는 민족의 얼인 한글의 확산을 통해 조국 광복을 향한 민족 갱생의 도를 확보하는 것이었다. 그러기 위해서 주시경 선생이 끝내지 못한 국어문법의 체계를 과학화하고, 우리말과 글을 통일된 모습으로 쉽게 배울 수 있도록 맞춤법통일안 제정, 표준말사정, 외래어표기법, 로마자표기법 등 오늘날 4대 규범의 근간을 조선어연구회(조선어학회, 한글학회)를 중심으로 제정하고 한글의 과학화를 위한 가로쓰기의 이론적 근거를 마련하였다. 또 이를 구체적으로 확대 보급하기 위해 큰사전 편찬, 외국어 고유명사 사전 편찬을 비롯한 한글맞춤법의 보급, 한글강습회, 학술지, 언론, 잡지를 통해 자신의 이론을 알려내며 몸소 실천하였다.

1926년 대한민국 건국훈장 독립장을 수여했고, 1970년 대한민국 국민훈장 무궁화장이 추서되었다.

5. 일석 이희승 · "한글 규범의 기초를 놓다"

어문 정리와 규범 문법의 체계화

일석 이희승(李熙昇, 1896.6.9~1989.11.27) 선생은 경기도 광주군
(지금의 경기도 의왕시 포일동) 의곡면 포일리 양지마을에서 정3품
통정대부 전의 이씨 종직 공과 어머니 박원양의 장남으로 태
었다. 다섯 살 되던 해에 서울 남산 기슭 진고개(충무로 3가)로
옮겨와 일찍 부모님으로부터 한학을 배웠다. 1902년 일곱 살
되던 해에 다시 경기도 풍덕군 남면 상저강리(개풍군 임한면 상조
강리)로 이주하면서 『자치통감』과 사서를 수학하다가 일제 침
략이 되기 2년 전인 1908년 4월에 관립한성외국어학교 영어부
에 입학하였다. 열세 살 되던 해에 경주 이씨 정옥 여사와 혼
인을 맺고 다시 학교로 돌아왔으나 1910년 경술국치로 이 학
교가 폐교되어 3년만 수학한 뒤 1911년 9월까지 경성고등보통
학교에서 수학하였다.

일석
이희승
<1896~1989>

1912년부터 1913년까지 양정의숙(야간 전문학교)에서 법학과 경제학을 전공하다 도중 학업을 중단하였다. 1913년 다시 고향으로 낙향하여 당시 휘문의숙에 다니던 이한룡으로부터 받은 주시경 선생이 쓴 『국어문법』(교재)을 읽게 되고, 이로 인해 나라말 연구에 뜻을 세우는 계기가 되었다. 다시 서울로 옮겨온 1914년에 사립 신풍학교 교원으로 취임하여 대수를 가르쳤다. 백농 최규동 선생의 권유로 1918년 사립 중앙학교 3학년에 편입하여 4년 수석으로 졸업하였다.

1923년 전문학교 입학 검정 시험에 합격하여, 1925년 4월 관립 경성제국대학 예과부 문과에 서른의 나이로 입학하여 1927년 경성제국대학 예과를 수료한 다음, 1930년 경성제국대학 법문학부 조선어학 및 문학과를 졸업하였다.[1] 1930년 조선어학회에 입회하여 1931년에 한글맞춤법통일안 제정위원(1933년 완성)과 '조선어사전편찬위원'에 선임되었으며 '표준어사정'(1937년 완성) 사업에 깊이 참여하였다.

1930년 경성사범학교 교유, 1932년 이화여자전문학교 교수직에 취임하여 국어학 및 국문학을 강의하다가, 1942년 10월 1일 조선어학회사건으로 검거되어 함경남도 홍원경찰서와 함흥형무소에서 1945년 8월 17일까지 3년 동안 복역하였다. 1931년 경성제국대학 교수(조윤제, 이희승, 이재욱, 김재철, 방종현, 이숭녕)를

---

[1] 한글학회(2014 : 18)에는 1925년 연희전문학교 수물과 졸업으로 되어 있다.

중심으로 조선어문학회를 창립하여 『조선어문회보』(7호로 중단)를 간행하였다. 1932년 조선어학회의 간사로 큰사전 편찬에 주역으로 활동하였다. 1932년에는 동아일보에서 개최하는 한글 계몽운동인 '브나로드운동'의 일환으로 조선어 강습회에 광주, 여수, 순천, 논산 지역을 담당하여 한글보급 운동에도 적극적으로 기여하였다. 1934년 5월 7일에는 진단학회 창립에 참여하여 김태준, 이병도, 이윤재, 손진태, 조윤제 선생과 함께 상무위원을 맡게 된다. 1934년 중국의 심양에 교포 초청 한글 강습회에 초청강사로도 활동하는 등 조선어강습회에서도 계속 활동하였다. 그리고 1932년 조선어철자 통일을 위한 제1차 위원회에 제안 설명을 하였고, 1933년에는 제2차 철자법위원회에 참여하여 맞춤법의 토대를 마련하는 중심적 역할을 담당하여 1933년 10월 19일 한글맞춤법통일안을 최종적으로 성안하게 된다. 일석은 한글맞춤법통일안 제정에 가장 큰 역할을 담당하였다.

1934년 여름, 표준어 사정 위원회에 위원으로 1935년 4월 14일 온양에서 개최된 조선어학회 표준어 사정 위원회 제1차 독회에 참여하였으며 1935년 4월 15일에는 조선어학회 간사장으로 선출되었다. 1940년 일본 동경제국대학 대학원에 입학하여 2년간 유학하다가 2차 세계대전이 발발하면서 귀국하였다. 1942년 10월 1일 조선어학회 관련자 일체 체포 명령이 떨어지자 서대문 경찰서 고등계 형사에게 연행되어 유치되었다. 이희승 선생은 2년 6개월의 선고를 받고 옥고를 치르다가 광복과 함께 1945년 8월 18일 출소하여 서울로 되돌아 왔다.

1945년 미군정청 학무국에서 국어교과서 편찬위원회에 집필위원으로 선임되어 『한글 첫걸음』, 『초등국어교본』, 『중등국어교본』 등 7종의 국어교과서 편찬을 주도하였다. 1946년 9월에 『조선문학연구초』(을유문화사)를, 1946년 11월에는 『한글맞춤법통일안 강의』(동성사), 1947년에는 『조선어학론고』(을유문화사)를 간행하였다. 이와 함께 『박꽃』(백양당)이라는 시집을 간행하여 국어학자이면서도 시와 수필을 창작하였다.

1949년 10월 『초급국어문법』(박문출판사)을 간행한 이후부터 주시경 학파인 한글학파에서 일탈하기 시작하였다. 그러나 당시 조선어학회 이사로 있었기 때문에 이승만 정부에서 제출한 '한글전용촉진법'에 따른 '한글전용촉진회' 부의장을 맡게 된다. 한국전쟁이 발발하자 일석은 전란을 피해 진해에 있는 인촌집에서 반년 가까이 피신하였다가 1952년 서울대학교로 복귀하였다. 1953년 『중등글본』(민중서관)을 발표한 뒤 동년 9월에 미국무성 초청으로 캘리포니아 대학, 예일대에서 언어학을 연구하였다. 이 시기 『중등문법』, 『고등문법』을 간행하여 중고등학교 학교문법의 기초를 닦는 데 많은 기여를 하였다. 1957년 7월 17일 대한민국학술원상(공로상) 부문을 수상하였으며, 1958년 12월 2일 국어국문학회 제1회 학술발표에서 「학교문법 통일 체계 확립을 위한 토론회」에서 한자 용어로 통일하기를 제

간함으로써 한글학회와 다른 길을 걷게 된다. 그러나 1959년 5월 25일 한글학회 경리이사로 보임되면서 한글학회 내에서 문법의 표준화를 위해 한자용어를 채택할 것을 지속, 주장하면서 1959년 10월 9일 『한글』 제125호에 「내가 주장하는 국어문법의 기준」이라는 논문을 발표하여 김윤경, 이숭녕, 정인승, 최현배와 격렬한 논쟁을 벌인다.

1965년 9월 대구대학 대학원장으로 1년간 대구에서 활동을 하다가 다시 상경하여 1966년부터 1969년까지 성균관대학교 대학원장을 역임하였으며, 1971년부터 1981년까지 단국대학교 부설 동양학연구소 소장직을 맡았다. 1968년에는 『새문법』(일조각)을 간행하였고 1696년 2월 28일 성균관대학교 교수직에서 정년퇴임을 하였다. 한편 1969년부터 19년 동안 '조선어문교육연구회' 회장으로서 국한문혼용 운동에 앞장서 한글학회와 맞섰다. 1975년 수필집인 『먹추의 말참견』(일조각)와 시집 『박꽃』(1947)을 출간하기도 했다. 그 외에도 자서전적 수필 『오척단구』(1956) 등을 비롯한 『벙어리냉가슴』(1956) 등의 수필집을 남겼다. 1982년에는 『국어대사전』(민중서림)을 간행하였다. 그 외 학회 및 각종 단체의 이사 고문 등 많은 사회 활동을 펼치다가 1989년 11월 27일 향년 94세로 하세하여 경기도 고양군 벽제면 문봉리 선영하에 유택을 마련하였다.

그 후 1989년 12월 15일 국민훈장 무궁화장을 추서 받고 1993년 국가유공자로 추서되었다.[2] 일석은 험난한 시대를 거슬러 살면서 한글의 보급과 우리나라 중고등학교 학교문법의 과학화와 체계화에 큰 이바지를 하였다.

---

2 일석 이희승 선생의 연보는 전광현(1994)의 「일석이희승 선생의 학문과 인간」과 『일석이희승전집(2000)』에 실린 「다시 태어나도 이 길을」(1977), 『한글학회 100년사』(한글학회 2009), 『진단학회 60년지』(진단학회, 1994), 『국어학회40년지』(국어학회, 1999) 등이 있다. 이 책에서는 이병근(2011) 선생이 작성한 「일석 이희승 선생 연보」(『애산학보』 39, 특집 일석 이희승)에 실린 내용은 간추린 것이다.

6. 한결 김윤경 • "한글 문자사의 결을 열다"

강직한 성품에 매우 조용한 사학자

한결 김윤경(1894.6.9~1969.2.3) 선생은 갑오개혁을 선언한 해
인 1894년 6월 9일 경기도 광주군 오포면 고산리 488번지에서
아버지 경주 김씨 김정민 공과 어머니 밀양 박씨 사이에 장남
으로 태어났다. 외솔 최현배 선생과는 동갑내기로 평생을 한글
사랑과 우리말, 글 연구에 헌신하였으며 독립운동에도 적극 헌
신하였다.

어린 시절에는 고향의 서당에서 한문을 배우다가 15세(1908
년) 때 신교육을 받기 위해 서울에 올라와 우산학교와 의법학
교를 다녔다. 1911년 상동에 있는 청년학원에 입학했으며, 한
글 강습회에서 주시경 선생을 만나 감화를 받고 우리말과 글의
연원과 그 역사를 연구한 강직한 국어학자이자 역사학자였다.

한결
김윤경
〈1894~1969〉

2008

청산학원을 졸업한 뒤인 1913년에 경남 마산에 있는 노산 이은상 선생의 아버님이 설립한 창신학교에 부임하여 국어, 역사, 수학을 가르쳤으며, 1917년 서울로 와서 연희전문학교에 입학하였다. 1919년 3·1운동이 일어나자 파고다 공원으로 나아가 만세를 부르며 시위행진에 가담하면서 조국 광복의 의지를 다져갔다. 그 다음해에는 전문대학생 중심으로 구성된 '조선학생대회'를 조직하여 그 대표를 맡아 조국 광복의 꿈을 일깨웠다. 1921년 조선어연구회 창립회원이 되었고 1922년 기독청년회 조직인 수양동우회 창립회원으로 참여하는 등 일찍부터 구국 운동에 눈을 떴다. 그해에 연희전문학교를 졸업한 뒤에 배화여학교 교원으로 부임하였다. 1926년에는 일본 릿쿄(立敎)대학교 문학부 사학과에 입학하여 『조선문자의 역사적 고찰』이라는 졸업논문을 쓰는 것을 계기로 『훈민정음』 연구에 큰 기여를 하게 된다. 1929년 졸업한 후, 그해에 서울로 돌아와 다시 배화여학교에 재직하게 된다. 1937년 반일단체로 지목된 수양동우회 사건으로 체포 검거되어 재판이 5년이나 계류된 끝에 고등법원에서 무죄판결을 받았다. 1942년 성신가정여학교에 부임하여 국어와 지리를 가르치다가 그해 10월에 조선어학회 사건으로 다시 검거되었으나 이듬해 기소유예로 석방되었다. 해방을 맞아 연희전문학교 교수로 임명되었으며, 1962년 연세대학교를 정년퇴직하고 1963년 한양대학교 교수로 임명되었다.

한결 선생은 조선어학회 회원으로 맞춤법 제정, 표준말 사정위원으로 참여하여 우리말과 글의 규범을 제정하는 데 기여했을 뿐만 아니라 한글의 역사 특히 훈민정음 창제에 관한 깊이 있는 연구를 하여 1937년에는 『조선문자급어학사(개정판)』라는 방대한 저술을 애산 이인 선생의 지원으로 간행하였다. 주시경 선생의 문법체계를 이어받아 현대적 체계화를 꾀한 『나라말본』(1948)을 지어 국어연구에 이바지하였다. 한글전용, 가로쓰기, 국어순화 등 나라말과 문자 정책에 관련된 많은 글을 썼다.[1]

일본 유학시절에 쓴 졸업논문인 「조선문자의 역사적 고찰」을 정리한 『조선문자급어학사』를 1931년 1월부터 1933년 1월까지 『동광』에 연재하다 잡지의 휴간으로 연재를 중단하고 1934년부터 4년 동안 고쳐 『조선문자급어학사』라는 방대한 저술을 발표하였다. 이는 훈민정음 창제 전후의 우리나라 문자사와 훈민정음의 창제와 변천, 훈민정음에 대한 여러 학설을 역사적으로 정리한 무게있는 저술이다. 이밖에 『한글말본』(1946), 『어린이 국사』(1946), 『주시경선생 전기』(1960), 『새로 지은 국어학사』(1963), 『한결 국어학논집』(1964) 등의 저서를 남겼다(한글학회, 2014 : 42~43).

1952년에는 문교부 사상지도원 전문위원, 국사편찬위원, 한

---

[1] 박종국, 「한결 김윤경 선생의 생애」, 『애산학보』 제36집, 애산학회, 2010.

국 전쟁 이후의 교사복구추진위원, 대한교육심의위원, 교수요목개정심의회 국어위원, 문교부 교과용 도서활자개량위원, 연희대학교 대학원장, 국어심의회 위원, 교육용도서편찬심의위원회 위원 등을 지냈다. 1955년에는 학문의 업적과 교육가 및 한글운동가로서의 공로를 인정받아 연희대학교에서 명예문학박사학위를 받았고, 학술원회원이 되었다. 1957년에는『고등 나라말본』과『중등 나라말본』을 펴냈고, 기독교공로상, 국어공로상을 받았다. 1962년에는 '교육임시특례법'에 따라 연세대학교를 퇴임하였으나, 국어심의회 위원, 숙명여자대학교대학원과 한양대학교 강사를 역임했고, 학술문화발전공헌공로상과 한글공로상을 받았다. 1963년에는 한양대학교 문리과대학 교수로 취임하고,『새로 지은 국어학사』를 펴냈으며, 문화훈장 대한민국장을 받았다. 1964년에는 전국국어국문학교수단 이사장의 일을 맡았고, 고희기념으로『한결국어학논집』을 펴냈다. 1969년에 부산에서 사망, 사회장을 지냈다. 1990년 12월 3일에 대한민국 건국포장이 추서되었다.[2]

---

[2] 한결김윤경전집편찬위원회,『한결김윤경전집』, 연세대학교출판부, 1985.

7. 건재 정인승 · "우리말 큰사전을 완성하다"

조선어사전 편찬 실무를 지휘

건재 정인승(鄭寅承, 1897.5.19.~1986.7.7)은 전라북도 장수군 계
북면 양익리 129번지에서 한학자 동래 정씨 상조님과 어머니
송성녀 사이에 3남 2녀 가운데 둘째 아들로 태어났다. 어린 시
절에는 향리의 한학자 한응수 선생에게 한문과 신학문을 배우
며 독학으로 역사, 지리, 산술, 일본어 등의 기초를 닦았다.
1910년 3월 8일 황양례 님과 결혼을 하였다. 1915년 2월에 진
안군 용담 고등보통학교 2학년에 편입하여 2년 뒤 최우등생으
로 졸업하였다.

1918년 서울 연정학원과 중동학교에서 수업하였으며, 1919
년 9월에는 일본 와세다대학에서 교외 학생으로 문학 및 법률
학을 수학했다. 1921년 3월 연희전문학교 문과를 입학하여 4
년 과정을 마치고 1925년 4월 전라북도 고창고등보통학교 교

건재

정 인 승

⟨1897 ~ 1986⟩

원으로 조선어와 영어를 가르쳤다.

1936년 4월 1일 최현배 선생의 권유로 조선어학회에서 추진하던 조선어사전 편찬위원으로 일을 하였고, 1936년 11월 28일부터 1940년 6월 15일까지 한글 맞춤법 통일안 수정 및 기초 위원으로 활동하면서 우리말 학교문법의 기초를 구상하였다. 사전편찬 사업일과 함께 조선어학회 기관지『한글』(제49~93호)의 편집 및 발행에 책임 일을 맡았다. 이 기간 동안 독자들과 일문일답의 형식으로 우리말에 대한 어려움과 표기법에 대한 강의를 계속한다. 오늘날 국립국어원에서 행하는 전화로 묻고 답하는 우리말 알림 지원을 한 셈이다.

• 건재 정인승 선생 동상 및 기념관(전라북도 장수군 소재)

1942년 10월 조선어학회 사건으로 조선어학회 간부들과 함께 일제의 치안유지법 위반(내란죄 협의)으로 함흥 감옥에 수감되어 옥고를 치른다. 광복과 더불어 다시 조선어학회에서 추진하던 조선어사전 편찬일과 한글학회 이사로 활동한다.

1945년 11월 1일 연희대학교 강사로 대학 강단에 발을 딛고 경성사범 등의 대학 강사 생활을 하면서 1946년 5월부터 1949년 9월까지 문교부의 학술 용어 제정 위원회 위원, 1949년 7월에는 문교부의 문법 용어 제정위원에 위촉되었다. 1951년 4월부터 전시 연합대학인 명륜대학(전북대학교 전신) 강사로, 그 이듬해에 전북대학교 교수로 재직하게 된다. 1953년 10월에는 문교부 국어심의위원에 위촉되고 1955년에는 문교부 교수자격 심사위원을, 1957년 10월에는 문교부의 국정교과서 편찬 심의위원에 위촉되는 등 정부에 각종 위원으로 활동하다가 1961년 2월 6일 전북대 총장직으로 근무하다가 1961년 9월 30일 정년 퇴직한다. 1979년 1월 16일에는 한글학회 한글 맞춤법 통일안 수정위원으로 활동한다. 1964년 3월부터 1984년 8월까지 건국대학교 교수 및 대우교수로 재직하였으며, 1975년 9월 22일 연세대학교에서 명예 문학박사 학위를 받았다. 1966~1981년까지 학술원 회원(국어학), 1981~1986년까지 학술원 원로회원, 1974~1986년까지 한글학회 명예이사(학술)로 활동하며 대학교에서 그리고 정부나 사회 단체에서 폭넓게 활동하였다.

건재의 국어학 관련 많은 논문과 저서로는 『표준중등말본』

(1949, 어문각), 『표준중등말본』(1956, 신구문화사), 『표준고등말본』(1956, 신구문화사) 등 9권이 있으며, 국어학 관련 논문으로 「사전 편찬에 관한 전반적인 문제」(『한글』 36, 1936), 「모음상대법칙과 자음가세법칙」(『한글』 60, 1938) 등 10여 편이 있다.[1]

1957년 10월 9일 문교부로부터 『큰사전』 편찬 공로상, 1959년 7월 17일 대한민국학술원상을 비롯하여 1962년 3월 1일 건국공로훈장을 1970년에는 조국 근대화 공로 훈장 모란장을 받았다. 한글 창제 560돌을 맞아 장수에서 태어난 한글학자 건재 정인승 선생 추모제례 행사가 열렸으며, 건재 정인승 선생 기념관(장수군 계북면 양악리 원촌마을)이 설립되었다.

---

[1] 한글학회, 「건재 정인승 선생 해적이」, 『한글』 제191호, 한글학회, 1986.
국립국어연구원, 「특집/건재 정인승 선생의 학문과 인간」, 『새국어생활』 제6권 제3호, 1996.

8. 무돌 김선기 ▪ "서구언어 이론과 민족 언어관의 접목"

서구 음성학 이론을 도입하다

무돌 김선기(金善琪, 1907.3.31~1992.11.12) 선생은 전라북도 전북 옥구군 임피면 읍내리 343번지에 아버지 철중님과 어머니 고 대준님 사이에 맏이로 태어났다. 1930년 3월 김은성 님과 결혼 하였고 1953년에 이운경 님과 재혼하였다. 어린 시절에는 마 을 서당에서 한문을 수학하였으며, 1914년 임피 보통학교에 입학하였다가 그 이듬해 군산보통학교로 전학하여 1919년 졸 업하였다. 그해 서울 중앙고등보통학교에 입학하였다가 1924 년 12월에 학교를 그만두고 북경 민국대학에 입학하였다. 다시 1925년 연희전문대학에 전입학하여 다니다가 휴학하고 1928년 일본 큐슈 가고시마 센다이중학 4학년에 편입학하였다가 1929 년 다시 연희전문대학 4학년에 복학하여 1930년에 졸업하였다.

무돌
김선기
<1907~1993>

1930년 연희전문학교를 졸업한 뒤 그해 9월 함경북도 경성에 있는 동명의숙에 교원으로 취임하였다가 서울로 되돌아와 1931년 1월 조선어학회 사전편찬위원으로 일하면서 동아일보사가 전개하던 한글보급운동에 참여하여 안성, 대전, 이리 등지에서 한글보급 강사로 활동하였다. 1932년 조선어학회 한글맞춤법통일안 제정위원으로 활동하면서 1932년에는 한글보급운동에 참여하여 신의주, 운향, 선천, 정주 등지를 순회강연을 담당하였다.

1933년 한글맞춤법통일안의 위원으로 그 기초를 완성하여 반포하였다. 그 다음해인 1934년 7월 조선어학회의 지원으로 프랑스 유학길에 올라 동 10월에 파리대학 소르본느 인문대학 음성실험실에서 연구를 하다가 이극로 선생의 주선으로 1935년 5월 영국 런던에서 개최된 국제음성학회 제2차 학술대회에 조선어학회 대표자로 참가한다. 1935년 영국 런던대학 대학원에서 국제교류학생 신분으로 석사 고급학위 후보자로 입학하여 다니엘 존스 교수와 퍼스 교수의 지도를 받았다. 1937년 7월 영국 런던대학에서 비교언어학과 음성학을 전공하여 「조선어 음성론(Phonetics of Korean)」이라는 논문으로 문학석사 학위를 받고 11월에 귀국하였다. 1938년 3월 연희전문학교 전임강사로 취임하여 1940년에 교수가 되었다. 1942년 9월 조선어학회사건으로 체포되어 9월 15일 함흥형무소에 투옥 미결수(975번)로 기소되었다가 1943년 9월 19일 기소유예로 출감했으나,

이 일로 연희전문학교에서 강제 해직을 당한다. 1944년 3월 일제의 강제 징용에 끌려가 웅기 감투봉에서 강제 노동을 당하다가 1945년 일제 패망과 함께 그해 9월 20일 단천을 거쳐 서울로 되돌아온다.

광복이 되자 1945년 10월부터 1948년 12월까지 새한신문을 발행하였다. 1946년 3월에 연희대학교 영어영문학과에 복직 1947년에는 동교 문과대학장 서리를 역임하였다. 1950년 1월 서울대학교 문리과대학 언어학과 주임교수로 취임하여 1951~1952년 서울대학교 교무처장 및 학생처장, 전국전시연합대학 교무처장을 역임하는 등 학교 학사행정을 맡게 된다. 1952년에는 미국 코넬대학 교환교수로 도미하여 1년간 언어학을 연구하였으며 1956년에는 조선언어학회 초대회장에 피선된다. 1952년 미국 코넬대학교에 교환교수로 1년 머물렀다. 1956년에 서울대학교 문리과대학 언어학과를 중심으로 '조선 언어학회'를 창립하고 초대회장을 맡았다.

1958년 12월 서울대학교 교수직에서 사임하고 1958년 12월~1960년 5월까지 문교부 차관 취임으로 잠시 학계를 떠났다. 1960년 5월 관직에서 물러나 농장을 경영하다가, 정계에 입문, 자유민주당 중앙위원회 의장으로 활동하였다. 1964년 성심여대 영문과 강사를 1967년에는 명지대학 대학원장으로 취임하여 1972년에 정년퇴임하고 명예교수가 되었다. 주요 학회 활동으로는 1930년에 조선어학회 회원이 되어 1931년 학회의 사전편찬원이 되었고, 1932년에는 추가로 뽑은 한글맞춤법통일안 위원에 피선되어 1933년 「한글맞춤법통일안」이 완성될 때까지 위원으로 일하였다. 1948년부터 1970년까지는 한글학회 이사를 역임하였으며, 1965년부터는 세종대왕기념사업회 이사로 봉사하였다. 그는 국어의 비교 연구와 향가 해독에 기여했고, 특히 원전 비판의 문제를 새로이 제기해 향가의 오자와 탈자를 찾아내려는 작업을 시도했다. 동국정운식 한자음을 현실음으로 보고 이 음을 기초로 해 향가를 해독하려 했다. 주요 저서로 『향가의 새로운 풀이』, 『가라말의 딜(조선어의 어원)』, 『향가 음독자 연구』, 『A Comparative Study of Numerals of Korean, Japanese and Altaic Language』 등이 있다. 1969년 10월 대통령 표창과 1975년 2월 명지대로부터 명예문학박사학위를 취득하였다.

무돌 김선기 선생은 식민지 시대에는 조선어학회 사전편찬위원으로 참여한 국어학자였으며, 해방 이후에는 서울대 언어학과 창설(1950년)을 주도했고, 환갑이 되어서야 향가 연구에 매진하기 시작했다. 이승만 정권 말기인 1958년, 서울대 언어학과 주임교수직을 사직하고 문교부 차관으로 옮긴 그는 당시 서울 시내 간판이 한자 천지인 데 분개하고는 한글간판 정화운동을 펼치기도 했다. 1966년 무렵에는 한글전용론과 국한문혼용론이 치열한 공방을 벌이게 되자 한글이 있으므로 조선은 세계 10대 강국이 될 것이라는 말로써 한글전용론을 열렬히 주창했다. 5·16 이후 공직에서 잠시 물러났던 시절 박정희 대통령에 대한 감정이 좋지 않았던 그는 이런 말을 했다고 전한다. "나는 박정희 대통령이 독재를 했으므로 아주 싫어했다. 그러나 한글 전용화를 시행했으므로 그의 모든 것을 용서해 줄 수 있다."라고 말할 정도로 우리 글인 한글을 존중하고 사랑했다. 1992년 11월 11일 서울 둔촌동 보훈병원에서 향년 8○세로 세상을 떠났다.

무돌의 사후, 그의 유가족과 제자들이 31일 한양대 서울캠퍼스 백남학술정보관에서 100주년 기념식을 가졌다. 이 자리에서 서울대에서 고인이 길러낸 제자 성백인, 이현복 서울대 언어학과 명예교수를 비롯해 김주원 동 학과 교수, 리의도 춘천교대 교수, 양희철 청주대 교수가 음성학과 비교언어학, 국어정책, 향찰 연구 등의 다양한 측면에서 무돌 언어학을 조명하는 학술대회를 열었다.

무돌 김선기 선생의 학문적 성과에 대해서는 선생의 탄신 100주기를 기념하여 한양대학교 학국학연구소에서 간행한 『조선학논총』 제42호 특집호에 성백인(2007) 교수의 「무돌 김선기 선생의 생애와 학문」, 리의도(2007) 교수의 「무돌 김선기 선생의 한글 운동과 말글 정책론 연구」, 이현복(2007) 교수의 「무돌 김선기 선생의 음성학 연구와 강의」, 김주원(2007) 교수의 「무돌 김선기 선생의 조선어 비교언어학 연구」, 양희철(2007), 「무돌 김선기의 향찰 연구」가 실렸다.

1990년 대한민국 건국훈장 애족장을 수여했다.

9. 백수 정열모 · "고등문법의 체계 수립"

선택적 이념의 엉킨 소용돌이 속으로

백수 정열모(鄭烈模, 1895.11.1~1967.8.14) 선생은 충북 회인군 읍내 향상사동에서 장기 정씨 해윤의 셋째 아들로 태어났다. 그러나 유목상 교수는 백수의 태생지를 "충북 보은군 회북면 중앙리 120-3"으로 조사하였는데,[1] 이 주소는 숙부댁에 양자로 들어 간 주소지로 추정되나 좀 더 확실한 조사가 필요하다.[2] 충청도 회인보통학교를 졸업한 뒤에 상경하여 1912년 3월 주시경 선생이 주관하던 조선어강습원 중등과(제5회)를, 1914년 3월에 고등과(제2회)를 수석으로 졸업하였다. 『한글모죽보기』에 는 최현배, 신명균, 김두봉, 권덕규, 정열모, 이규영, 장지영, 정

---

[1] 유목상, 「백수 정열모 선생」, 『얼음장 밑에서도 물은 흘러』, 한글학회, 1993.

[2] 박용규(2012 : 243)는 충북 보은군 중앙리 120-3번지에서 출생한 것으로 보고 있어 유목상 교수의 설명과 같다.

백수
정열모
〈1895~1967〉

국채, 김원우, 안동수 등이 이 강습과정을 거침으로 주시경 학단에 속한다고 할 수 있다.

백수는 경성고등보통학교를 졸업하였다고 하는데, 유목상 교수(「백수 정열모 선생」, 『얼음장 밑에서도 물을 흘러』, 한글학회, 1993, 191쪽)는 그가 경성고보를 졸업했는지는 불확실하다고 말하고 있다. 1911년 무렵 상경하여 경성고등보통학교나 다른 학교에 적을 두면서 주시경 선생이 주도하던 조선어강습원에 수학하였던 것으로 추정되며, 1915년 3월 경성고등보통학교 부설 사범과 교원양성소(제2종)에서 수학하였다. 그 후 자성보통학교와 1918~1920년 무렵 의주보통학교 교원으로 부임하였다. 1920년 6월 뚝섬보통학교로 옮겨 근무하였다.

1921년 3월부터 1925년 3월까지 백수는 일본 와세다대학 고등사범부 국어한문과를 졸업하였다. 재학 중인 1922년 7월에는 교육과 실업을 중시한 교육실업단을 조직하여 방학 기간 중 국내에서 순회 강연을 하면서 거대한 제국의 어둠에 휩싸인 조선의 맑은 우물을 보았던 것이다. 백수는 '우리의 살 길'이라는 강연(동아일보 1922.7.23. 「교육실업단영동착」)을 하면서 조선의 미래를 예측하고 맑은 우물로 민족의 제전에 올릴 정화수를 만들 수 있는 일은 교육의 길이라고 믿었다. 특히 청소년에게 꿈을 가르치는 일이 무엇보다 중요하다고 판단하여 일본 유학 중에 『조선일보』와 『신소년』에 동화, 동시나 교양수필 등을 다수 발표하였다.[3]

일본 유학을 마친 후, 1925년 4월 1일자로 경성 중동학교의 조선어 교원으로 부임하여 조선어와 일어를 담당하였다. 1932년 초 송설당과 인연이 닿은 애산 이인 선생의 주선으로 새로 신설된 김천고등보통학교로 자리를 옮겼다. 그리고 이 시기에 조선어학회의 전신인 조선어연구회에 참여하였으며, 1927년 2월에 창간된 동인지 『한글』의 동인으로 활동하며, 그 다음해까지 9호를 간행한 바 있다. 그리고 조선어연구회(조선어학회)에서 추진한 각종 연구발표회, 강연회, 강습회에 적극 참여하였고, 조선어사전 편찬위원(1929.10), '한글맞춤법 통일안'의 제정위원(1930.12), 표준어 사정위원(1935.1) 등으로 활동하였다. 민족 구국의 길은 민족 공동체의 언어를 갈고 닦아 지키는 일이라 판단하고 조선의 사대부 지배층으로부터 구축당한 우리말과 글의 문법의 철리를 다듬어 계급을 뛰어넘는 소통의 길을 열기 위해 주시경 선생과 함께 가는 길을 선택한 것이다.

1931년 4월 백수는 김천고등보통학교의 교무주임(교감)으로 자리를 옮겼다. 백수는 김천고보에서 조선어와 조선사, 수신 과목을 강의하며 민족의 얼과 정신을 학생들에게 불어넣었다. 특히 조선사의 교재로는 애류 권덕규의 『조선유기』(상문관, 1924·1926)를 사용하였던 것 같다. 백수는 김천고보 초대 교장을 지낸 안일영 교장의 뒤를 이어 1932년 1월 8일 김천고보의 제2대 교장에 취임하였다. 안일영 교장과 백수 정열모 선생도 애

---

3 최기영, 「백수 정열모의 생애와 어문민족주의」, 『최송설당』, 경인문화사, 2008, 182쪽 참조.

산 이인 선생의 천거로 이 학교에 근무하게 된 것이다.

1942년 10월 일제는 조선어학회 사건을 일으켰다. 이 사건은 10월 1일 이극로, 이윤재 등 11명을 구속하면서 시작되었으며, 학회의 주도적 인물들과 후원자들이 대대적으로 검거되었다. 백수는 10월 20일 김천에서 검거되어 함경남도 홍원경찰서에 유치되어, 다른 관련자들과 함께 갖은 고문을 받았고 억지 자백을 강요받았다. 백수 정열모와 장지영 선생은 1944년 9월 30일 공소소멸로 석방되었다. 석방된 백수는 김천읍 다수동에 있는 외진 농가에서 생활고에 시달리는 칩거 생활을 하며, '밭을 갈고 나무하는' 한적한 시간을 보냈다.

백수는 광복이 되자 1945년 8월 18일 조선건국준비위원회 김천지방위원장으로 추대되었으나 곧 상경하여 그해 10월 숙명여자전문학교 문과과장으로 취임하였다. 1946년 3월 애산 이인 선생이 이사장을 맡고 있던 국학전문학교의 초대 교장을 맡았다. 1947년 6월에는 홍문대학관의 관장에 취임하였는데, 1948년 8월 홍익대학으로 교명이 바뀌었다가 1949년 6월 홍익대학으로 개편되자 초대 학장이 되어 1950년 2월까지 재임하였다. 그러나 1949년 5월에는 김규식, 홍명희, 이극로 선생이 주도하던 민족자주연맹 서울연맹 부위장으로 임명되어 활동하다가 1949년 12월 22일에는 서울지검 수사과에 구속 수사를 받기도 하였다. 이 문제로 1950년 2월 홍익대학교 대학장을 사임한 것으로 보인다. 조선어학회 회원이자 홍익대학교 교수로

• 김천고보 제2회 졸업 기념사진 앞줄 가운데 정열모 선생(김천고등학교 홈페이지)

근무하던 경북 영천 출신인 후배 정태진 선생과 함께 북으로 간 것으로 추정된다.

1949년 10월 2일부터 조선어학회 이사로 활동하였으며, 그해 10월 조선어학회에서 개칭한 한글학회의 이사로 선임되는 등 국어문법 특히 고등문법 연구에 매진했다. 또한 문법 연구에만 머물러 있었던 것이 아니라 한글로 된 글쓰기와 글 읽기의 확장을 위해 1929년 『현대조선문예독본』이라는 중등용 독서자습서를 간행한 바 있다. 1946년 2월 이 책을 다시 조판하여 자신이 운영하던 출판사에서 『한글문예독본』(저작자, 한글문화보급회, 발행자, 신흥국어연구회)이라는 제목으로 재간하였다. 그해 6월에는 같은 제목의 '담권'(제2권)을 출판하였다.

조국 광복과 함께 백수는 안재홍, 이인, 이극로 선생과 깊은 인연으로 건국준비위원회 김천지방위원장을 맡은 것을 비롯하여 1945년 9월 8일 조선민주당의 발기에 참여하여 임시정부지지 성명서에 서명하였다. 또 그해 9월 '9일 고려청년당의 고문으로 추대되었으며, 12월 31일에는 재경 비정치인들이 좌우정당의 즉시 합작을 요구한 통일정권촉성회에도 참여하였다. 1948년 그는 단독정부 수립이 구체화되자 조국의 자주독립과 통일을 염원하여, 김구와 김규식 선생이 주도한 남북협상을 지지하고 나섰다. 즉 그해 4월 14일에 발표된 문화인 108인의 남북협상 지지성명에 동참하였던 것이다. 그리고 1949년 5월 민족자주연맹 서울시연맹 부위원장에 선임되었다. 민족자주연맹은 1947년 10월에 김규식, 홍명희, 이극로, 윤기섭 등이 주도하여 민주주의 민족통일을 내건 중간파 조직이었는데, 1948년 4월 남북협상에도 참여한 바 있었다. 민족자주연맹에 참여하고 있었던 백수는 1949년 12월 22일 서울지방검찰청 수사과에서 사상검열로 구속수사를 받기도 하였다. 1950년에는 5월 제2대 국회의원 선거(김천시)에서 낙선하였다.

선생은 1950년 한국전쟁이 발발한 뒤 납북되었다. 당시 홍익대학교 교수로 있던 경북 영천 출신의 정희준 등과 함께 북

행한 이후 김일성종합대학의 언어학 교수와 1958년 4월 사회
과학원 언어학 연구실 교수, 1964년 4월 사회과학원 후보원사,
1965년 1월 사회과학원 언어학연구실 교수, 후보원사 등으로
활동하였다. 필자가 남북 겨레말큰사전 편찬 이사로 평양을
방문했을 때 사회과학원 후보원사 정순기 선생으로부터 백수
의 학문적 열정이 대단히 높았다는 추억 어린 지난 이야기를
들을 수 있었다. 신들이 장난스럽게 던진 주사위처럼 백수의
일제에 대한 저항의 몸짓은 민족주의와 혼인한 결정이었으며,
이로 인해 다시 선택적 이념의 사슬에 엉키는 소용돌이 속으
로 빨려든 것이다.

　　백수는 저술로도 『신라향가주해』(국립출판사, 1954), 『향가연구』
(사회과학원출판사, 1965), 『조선어 고어 역사』(고등교육도서출판사, 1965)
등이 간행된 바 있고, 공저로 『국어문법』 인민학교 제2・3학
년용(교육도서출판사, 1957)이 있다. 그리고 사회과학원 언어학연
구소 기관지인 『조선어문』에 10여 편의 논문과 논설을 발표하
였다.[4] 사회과학원의 후보원사였다는 사실은 그가 북한의 국
어학계에서 상당한 대접을 받았다는 것을 알려준다. 1967년 8
월 14일에 향년 73세로 사망하였다고 한다.

---

[4] 유목상, 「백수 정열모 선생」, 196-197쪽.

10. 열운 장지영 · "문자보급운동, 언론계로 확산"

한글 보급 운동의 견인

열운(洌雲) 장지영(張志映, 1887.4.22.~1976.3.15.) 선생은 의생이었던 인동 장씨 은상의 차남으로 1887년 4월 22일 서울 서대문구 교남동 132번지에서 태어나 1976년 서울 동교동 자택에서 돌아가셨다. 국가보훈처 국가유공자 공훈록 공적 조서에 따르면 "선생은 1906년 관립한성외국어학교 한어과를 졸업하고, 1908년 7월부터 주시경의 문하에서 국어학을 수학하여 국어학자로의 연구를 시작하였다. 1910년 일제가 조선을 병탄하여 나라가 망하자 1911년 7월부터 1912년 5월까지 이승훈이 세운 평안북도 정주의 오산학교에서 국어를 가르치며 독립사상을 고취했으며, 1912년 9월부터는 서울의 상동청년학원의 교사 겸 학감으로서 국어를 강의하여 민족의식을 고취하였다. 1912

열운
장지영
〈1887~1976〉

년에는 서울에서 휘문학교 교장 임경재, 청년 교육사 유진태, 직조공장 경영자 김덕창 등 동지들과 뜻을 모아 우리 민족을 다시 살리는 길은 경제자립에 있다고 보고 1915년 3월 조선산 직장려계를 조직하고 무명을 손수 짜서 옷을 지어 입는 운동을 벌이었다. 또한 독립운동을 위한 비밀결사로서 「힌얼모 백영사」라는 단체를 조직하여 동지들과 혈서로써 동맹을 하고 만주에 망명한 여 준, 이동녕, 이회영 등 지도자들과 비밀연락을 하면서 독립운동을 전개하였다고 한다. 1919년 3·1운동이 일어나자 힌얼모의 회원들은 격문을 지어 등사해서 서울 시내에 살포하는 등 적극적으로 참가하였다고 한다. 1921년 12월 임경재, 최두선, 이규방, 권덕규, 이승규, 신명균 등 동지들과 함께 휘문의숙에서 조선어연구회를 조직하였으며, 그 제2대 간사장으로 선출되어 국어운동을 적극적으로 전개하였다. 1924년 5월에는 『조선어사전』을 간행하였다. 1927년 2월 절대 독립을 추구하는 민족주의 독립운동과 사회주의 독립운동의 민족협동전선으로 신간회가 창립되자 이에 가입하여 조선일보 문화부장을 역임하면서 적극적으로 민족운동을 전개하였다. 1930년에 「조선어 철자법 강좌」을 간행했으며, 조선어연구회를 확대 개편한 조선어학회의 『한글 맞춤법 통일안』의 제정위원으로 선출되어 활동하였다. 1936년 1월에는 조선어학회의 조선어 표준어 사정위원회의 위원으로 선출되어 활동하였으며, 조선어학회는 1937년 7월에 「조선어 표준말 모음」을 간행하였다. 1942년 10월에 일제가 조선어보급과 조선문의 출판을 일체 금지하는 등 조선어 말살정책을 대폭 강화하고 한글 연구자들을 투옥하기 위하여 만들어 낸 조선어학회운동으로 함경남도 홍원경찰서와 함흥경찰서에 구속되어 일제의 잔혹한 고문과 악형을 받고 예심에서 면소되어 석방되었다. 1945년 8·15광복 후에는 조선어학회 6대 이사장 및 연희대학교와 이화대학교의 교수를 역임하였다."고 한다.

특히 1929년 10월 가갸날 기념식에 이은 '조선어사전편찬회'가 조직되었는데 그 이듬해 1월 제10회 정기총회에서 사전편찬위원회 간사장 이극로, 간사 장지영, 최현배가 선출되어 본격적으로 조선어사전편찬 사업에 관여하는 동시에 조선어학회 '한글맞춤법통일안' 제정위원(1930.12.~1933.10.)을 맡아 '한글맞춤법통일안'과 '표준어제정위원'을 맡아 그 기초를 마련하는 데 이바지하게 된다. 1930년에는 조선어학회 간사장을 맡는다.

이미 일본 조선총독부에서는 1912년 4월 철자법을 제정하였고 1921년 3월에 1차 개정, 1928년 9월에 2차 개정을 위한 위원회에 조선어연구회의 이규방, 권덕규, 최현배 선생과 함께 참여하여 9월 14일에는 최현배 등 7명의 개정 건의문을 제출한다. 종성표기를 형태음소론적 표기로 하자는 조선어연구회의 의견이 채택되었으나 가나자와(金澤庄三郎)가 제안한 'ㆆ'받침은 폐기되었다. 3차 개정안은 1930년 3월에 공포되었다. 이 무렵 1930년 8월에는 『조선어철자법강좌』가 출간되었는데 총독부에서 공포한 3차 개정안이 그 골간을 이루고 있는 해설서이다. 그러나 조선총독부에서 만든 철자법을 보완할 필요성을 느낀 조선어연구회에서는 1930년 12월 제10회 정기총회에서 장지영, 권덕규, 기윤경, 신명균 등 12명의 위원이 2년간 심의를 거쳐 1933년 10월『한글 맞춤법 통일안』을 공포하였다.

이 무렵 열운은 서울 양정중학교 교사(국어, 중국어, 1931.7.~1942.7.), 조선어학회 조선어표준어사정위원회 위원(1936.1.~1937. 3.) 등으로 활약한다. 1935년 1월에 조선어연구회에서는 표준어 사정에 착수하여 1936년 10월에 약 1만 개의 표준어휘를 작성하는데 열운은 위원 및 수정위원으로 활동하였다. 1940년 6월에는 '외래어 표기법 통일안'을 확정함으로써 '조선어사전 편찬' 사업이 본 궤도에 오르게 되었다.

1942년 10월, 조선어학회사건으로 이극로, 정인승, 이윤재, 최현배, 이희승, 한결 선생과 함께 홍원과 함흥에서 옥고를 치른 뒤 1944년 10월에 정열모 선생과 함께 예심면소로 석방되었다. 그러나 주거 제한으로 조선어학회 일을 볼 수 없게 되자 경기도 양주에서 밭을 일구며 농사를 지었다.

광복이 된 그해 9월 이극로, 최현배, 이희승, 정인승 선생이 석방되면서 조선어학회는 다시 사전 사업의 추진에 박차를 가하는 동시에 그해에 열린 제1회 국어강습회가 끝나면서 장지영 외 30명의 위원이 발의한 한글전용촉진회가 결성되었다. 공식적인 한글 전용의 운동이 시작된 것이며, 다른 한편으로는 소위 한글파와 한자파의 갈등을 이루는 분기점이 된 것이다. 1945년 10월 열운은 미군정청 문교부 편수국 부국장으로 취임했는데 편수국 국장은 최현배 선생이 맡게 되었다. 1946년 6월에는 한글전용촉진회가 조직되어 본격적으로 한글 전용 운동이 전개되었다. 1946년 2월에는 조선어학회 제6대 이사장을 맡아 조선어사전 편찬을 총괄 담당하게 된다. 1946년 10월부터 서울대 사대에 출강과 함께『조선말 큰 사전』1~2권을 출간하였다. 1948년 8월 조선정부의 수립과 함께 1948년 9월에 세종중등국어교사양성소 소장을 맡았고, 1948년 9월 연희대학교 교수로 부임하고, 이화여자대학교 교수대우도 겸하여 근무하였다. 대학 교단에 서면서『국어입문』(1946. 6),『가려 뽑은 옛글』(1948. 8)을 간행하였다.[1]

다시 비운의 한국전쟁이 발발하자 제주도에서 피난 생활을 하다가 수복 후인 1952년 11월에 연세대학교로 복직하여 김윤경 선생과 함께 교수로 재직하다가 1958년 3월에 70세 정년퇴임을 하였다. 1976년 4월에 자제인 장세경 선생과 공저로『이두사전』이 유고로 출판되었으며, 1964년 주해서인『홍길동전』『심청전』을 출판하였다.

정부에서는 그의 공훈을 인정하여 1990년에 건국훈장 애국장(1977년 건국포장)을 추서하였다.

---

[1] 장세경, 「나의 아버지 열운 장지영」,『얼음장 밑에서도 물은 흘러』, 58~66쪽, 한글학회, 1993.

"우리나라도 사천여 년 전부터 개국한 이천만 중 사회에 시시때때로 통용하는 말을 입으로만 서로 전하던 것도 큰 흠절(欠節)인데, 국문이 만들어진 후 수백 년에 자전 한 책도 만들지 않고 한문만 숭상한 것이 어찌 부끄럽지 않겠는가? 지금 이후로 우리 국어와 국문을 업신여기지 말고 힘써 그 규범과 이치를 궁구하며, 자전 문법과 독본을 잘 만들어 더 좋고 더 편리한 말과 글이 되게 할 뿐 아니라 우리 온 나라 사람이 다 국어와 국문을 우리나라 근본의 주장 글로 숭상하고 사랑하여 쓰기를 바란다."

주시경 선생의 〈국어와 국문의 필요〉에서

11. 추정 이강래 ▪ "고등교육의 현장을 지킨 한글운동가"

끝까지 고등교육의 교단은 지키며

추정 이강래(李康來, 1891.11.16~1967.2.19) 선생은 1891년 11월 16일 충북 충주에서 광주 이씨의 문명가에서 태어났다(한글학회 2014 : 50). 안성공립 보통학교를 졸업하고 1910년 지금 서울대 전신인 관립 공업견습소 도기과를 수학하였다.[1] 국가보훈처 국가유공자 공훈록 공적 조서에 따르면 1921년부터 1923년까지 문화운동을 통한 민족의 언어와 글을 수호하기 위하여 중국 동삼성, 노령, 일본 등의 해외동포에게 한글순회 교육을 실시하였다고 한다.[2]

3 · 1운동에 가담하였다. 1911년 3년간 만주 연길에서 나철

---

[1] 이용익, 「나의 아버지 추정 이강래」, 『얼음장 밑에서도 물은 흘러』, 121~131쪽, 한글학회, 1997.

[2] 한글학회(2014 : 50)에 따르면 1933~1934년 사이에 국내 조선어 강습회 강사로 활동한 것으로 보고 있다.

추정
이강래
<1891~1967>

선생과 러시아 블라디보스토크에서 이상설 선생을 통해 독립운동을 위해서는 민족의 언어 한글의 소중하다는 가르침을 받았다. 1915~1917년 일본사범 본과에서 수학한 뒤에 1921년부터 1923년까지 한글운동을 통해 민족의 언어와 글을 수호하기 위하여 중국 동삼성(東三省), 노령(露領), 일본 등지의 해외동포에게 한글순회교육을 실시하였다. 국가보훈처 국가유공자 공훈록에 따르면 선생은 "1927년 12월 20일 조선어연구회에 참여하여 1932년 『한글』 창간호 발간을 도왔다. 또 1933년부터 1934년까지 신천과 안악 등지를 순회하며 한글강연회와 강습회를 개최하였으며, 한글계몽에 힘쓰고 방언을 수집하는 등 한글의 문법연구와 보급에 힘썼다. 1935년 1월 1일 표준어사정위원으로 참가하여 3년여 간의 표준어사정을 통해 한글맞춤법통일안을 확정하는데 힘썼다."고 한다. 또 "1937년 배화여자고등보통학교 교사로 재직하던 중 신흥우 등이 조직한 흥업구락부에 가입하여 독립운동을 전개하다 일경에 피체되어 1938년 9월 3일 경성지방법원에서 기소유예처분으로 석방되었다."고 한다(한글학회, 2014 : 51).

1937년 배화여자고등보통학교 교사로 재직하던 중 신흥우 등이 조직한 흥업구락부에 가입하여 독립운동을 전개하다 일경에 피체되었다가 1938년 9월 3일 경성지방법원에서 기소유예처분으로 석방되었다(박용규, 2013 : 259). 이때 윤치호, 신흥우 안재홍, 이관구 선생과 함께 피급되었다.

1942년 조선어학회의 한글 맞춤법 통일안에 따른 우리말 큰 사전을 편찬하게 되자 사전편찬위원회 간사로 선임되어 모든 준비와 실무를 추진하였으며 사전 완성 단계에서 1942년 조선 어학회 사건으로 10월 21일 일경에 피체되어 혹독한 고문과 심문을 받다가 1943년 9월 홍원 경찰서에서 석방되었다(한글학 회, 2014 : 51).

광복 뒤 경복고등학교와 배화여고에서 33년 3개월 평생 고 등교육에 헌신하다가 정년 퇴임하였다. 1956년에는 서울시 교 육위원회로부터 교육 공로표창을 받았다. 1967년 2월 19일 83 세의 일기로 세상을 떠나셨다. 정부에서는 고인의 공훈을 기 리어 1990년에 대한민국 건국훈장 애족장을 추서하였다.

1957년 한글날 제511돌 기념일날 추정이 지은 '한글날'이라 는 한글날 기념 시가 있다.

12. 석인 정태진 ▪ "방언 연구의 선구자"

조선어학회 사건의 발단

석인 정태진(1903.7.25~1952.11.2.) 선생은 경기도 파주군 금촌 읍 금능리 406번지에서 어버지 나주 정씨 규진 님과 어머니 죽산 박씨 사이에 3형제 중 맏아들로 태어났다(한글학회, 2014 : 22~23). 개신교 집안의 개화된 가문에서 태어난 선생은 1921년 4월 경성고등보통학교 4년제를 졸업하고 1925년 3월 연희전문 학교 문과에서 수학하였다.[1] 특히 연희전문 시절에 은사인 정 인보 선생을 만나면서 민족주의의 노선을 걷게 된다. 정인보 선생의 '조선 얼'에 대한 사상적 감화를 받고 또 많은 고전에 대한 지식을 터득하여 후일 우리 말글의 연구와 사전 편찬의 핵심적 실무를 맡으며, 조국 광복의 길을 열어나가게 된다.

---

[1] 정해동, 「한글학회와 나의 아버지 석인 정태진」, 『얼음장 밑에서도 물은 흘러』, 263~269쪽, 한 글학회, 1993.

석인
정태진
<1903 ~1952>

그 후 1931년 함경남도 함흥에 있는 영생고등여학교 교사로 부임하였는데 연희전문의 동창이자 여섯 살 연배인 정인승 선생을 만나 함께 우리말과 글을 연구하고, 조선어학회에 함께 참여하여 조선어큰사전 사업에 이바지한다. 3년 뒤인 1927년 5월 미국으로 유학하여 우스터대학(Wooster College) 철학과를 졸업한 뒤 다시 1931년 컬럼비아대학교 대학원에서 교육학과 석사학위를 취득하여 당시로는 최고의 지성인 반열에 속하게 된다. 1931년 9월에 귀국하여 함흥에 있는 영생고등여학교에서 다시 교편을 잡는다(박용규, 2012 : 218). 이곳 영생고등학교 교원으로 있을 때 학생들에게 틈틈이 국내외의 문학 고전을 읽히어, 학생들에게 민족적 자긍을 심어 주었다.

한편 그는 이 시절 외국의 방언학 이론을 쉽게 해독할 능력을 충분히 갖추고 있었기 때문에 우리나라에 다양하게 분화된 방언을 체계적으로 분석하기 위한 자료를 모으기 위해 다시 영생고등학교로 돌아왔던 것으로 보인다. 그의 방언 연구의 성과는 출판되지 못한 채 있다가 2007년 석인 정태진 선생 기념사업회에서 육필 원고를 모아 『석인 정태진 유고집(상·하)』(민지사)을 간행하였다. 방언학의 이론적 골간을 마련한 훌륭한 연구 성과라 할 수 있다. 특히 방언 분화의 어휘망을 작성하고 케토포그라프 형식의 방언지도를 제작한 우리나라 최초의 방언학자로 손꼽을 수 있다. 이러한 연구 관점은 후일 조선어사전의 표제어 선정과 표준어 확정을 하는 과학적 접근으로 평가될 수 있다.

선진 미국에서 유학한 석인은 당시 여성들의 사회적 지위에 대해서도 남다른 관심을 가졌을 뿐만 아니라 당시의 국제 정세를 알리고 우리 민족의 우수성을 학생들에게 고취시켰다. 1938년 3월에 일제는 모든 관공서와 학교에서 일본어를 상용하도록 강요하는 '조선교육령'을 개정 반포하여 그 이듬해부터는 각급 학교에 조선어 교과목을 폐지하고 일상 언어로 일본어를 사용토록 강제하였다. 이러한 상황에 대해 민족적 모멸감과 분노를 느끼지 않을 수 없었다. 일경의 탄압을 피해 국어를 지켜야 민족이 존재할 수 있다는 굳은 신념으로 정인승 선생의 권유에 따라 1941년 6월 영생고등여학교를 떠나 조선어학회에서 조선어사전 편찬 일을 맡게 된다. 조선민의 갱생과 조국 광복은 조선민의 고유문화를 지키는 일이 무엇보다 선행되어야 하며 그 문화의 핵심인 민족 언어의 통일과 보급하는 일이 최우선적인 일임을 깨달은 것이다. 그 가운데 핵심적인 사업이 바로 조선어사전 사업임을 알고 모든 것을 포기하고 사전편찬 실무를 맡게 된다.

석인 선생은 좀 늦게 사전 편찬 사업에 합류했지만 해박한 언어 이론을 갖춘 탁월한 분이었다. 1933년에 완성된 한글맞춤법 통일안과 1936년 10월에 사전 편찬의 올림말로 올릴 표준어를 선정한 조선어 표준말 모음과 1940년 6월에 발표한 외래어 표기법 통일안의 기초 위에 사전 편찬에 필요한 올림말의 선정과 뜻풀이 등 실무적인 일을 하느라 밤새우는 일이 하루 이틀이 아니었다.

그러나 1942년 9월에 이른바 조선어학회 사건이 터지자 함흥 홍원경찰서에 구금되어 징역 2년을 선고받아 함흥감옥에서 옥고를 치르게 된다. 조선어학회 사건은 석인 선생과 매우 밀접한 관계 속에서 전개되는데 이에 대해서는 뒤에서 별도로 살펴보겠다. 조국 광복과 함께 형기를 마치고 1945년 8월 조선어학회로 돌아와 조선어사전 편찬을 다시 시작하는 한편, 연희대학, 중앙대학, 홍익대학, 동국대학 등에서 국어학을 강의하였다. 1950년 한국 전쟁이 발발하자 고향으로 피신하였고, 1·4후퇴 때 부산으로 피난갔다가 1952년 다시 서울로 돌아와 조선어사전 속간을 위하여 전념하다가 같은 해 11월 고향인 파주에 식량을 구하러 가던 도중 불의의 교통사고로 돌아가셨다.

광복 후 재건된 조선어학회의 사전편찬사업에 몰두하였다. 사전편찬의 실무를 맡으며 방대한 우리말의 자료를 섭렵하고 미국에서 배운 서구 이론의 해독 능력을 바탕으로 이룬 탄탄한 저술을 세상에 내놓는다. 『한자 안쓰기 문제』(어문각, 1946), 『중등국어독본』(김원표와 공저, 한글사, 1946), 시가집 『아름다운 강산』(신흥국어연구소, 1946), 『고어독본』(연학사, 1947), 『조선고어방언사전』(김병제와 공저, 일성당서점, 1948) 등이 있으며, 석인 정태진 선생 기념 사업회에서 선생의 대학 강의 노트를 모아 유고작으로 영인본 『석인정태진유고집(상)』(2007, 민지사)이 있다.

1962년 정부에서는 건국독립훈장을 추서하였고 문화부에서는 1998년 10월의 문화인물에 선정하였다. 같은 해에 국립국어원에서는 『석인 정태진 선생의 학문과 인간』을, (재)한글학회에서는 『정태진 선생의 사료』를 간행하였다. 석인의 장남인 정해동(1923) 선생은 중앙대학교와 동덕여대 교수를 역임했던 분으로 선친의 유적을 모아 경기도 파주시에 사단법인 석인 정태진 기념사업회를 운영하다가 2012년 사업회를 해체하고 재단의 기금 전액을 한글학회 발전에 사용해 달라고 기탁하였다.[2]

조선 방언학 연구의 선구자

석인 선생은 당시 특출한 국어학자였다. 『한자 안쓰기 문제』(어문각, 1946) 등의 저술 가운데 특히 김병제와 공저인 『조선고어방언사전』은 조선어사전 편찬을 위한 올림말 선정을 위해 반드시 연구해야 할 과정이었다.

석인의 방언 연구는 방언의 분화형을 통시적인 관점에서 공시적인 방언 분화형을 어휘망의 형식으로 구성하고 이를 케토그라프 형식의 방언분포지도로 작성하여 서울을 중심으로 한 표준어휘를 선정하는 데 활용한 것으로 보인다. 우리나라의 방언 연구를 오구라 신페이와 고노 로쿠로와 같은 일본인 학자들이 주도하고 있었을 때 석인은 탁월한 영어 실력을 활용

---

2 정해동, 「선친과 그 주변 사람들을 생각하며」, 『애산학보』 제32호, 애산학회, 2006.

하여 서구의 방언 연구의 방법론적 기반 위에 우리나라의 방언 이론을 독자적으로 수립한 선구자 역할을 하였다.

조선어사전 사업에 몰두해 있는 동안 학문적인 성과를 집대성하지 못하고 있다가 광복 이후 대학에 강의를 나가면서 방언 자료와 역사 문헌 자료의 지적 기반 위에 조선 방언의 체계화가 진행되었다. 그 결과는 출판되지 못하였는데 2007년 석인 정태진 선생 기념 사업회에서 선생의 대학 강의 노트를 모아 유고작으로 출판한 『석인정태진유고집(상·하)』(2007, 민지사)에 그 내용이 담겨 있다.

이 가운데 『방언학개론』과 『방언조사표』를 중심으로 살펴보자. 이 자료는 강의노트 형식이기 때문에 체계가 완전하지는 않지만 핵심적인 부분의 얼개는 이미 현대적 방언학 이론 책을 능가할 만큼 정연한 이론 체계를 보여준다. 방언학 강의 노트가 작성된 정확한 시기는 확인되지 않는다. 다만 방언학 개론의 핵심 부분인 음운 변화는 비교적 정밀하게 기술되어 있다. 특히 국어음운사를 설명하는 데 매우 요긴한 자료인 '구유, 냉이, 가위, 여우, 시다, 모래, 올챙이, 노루, 닭, 가루, 머루, 도라지, 벌레, 가을, 가위, 흙-이, 닭-이, 내, 개울, 바위' 등의 어휘 분화형을 어휘망으로 구성하고 케토그라프 형식의 방언 지도(Dialect Map)를 그렸다. 'ㅂ, ㄱ, ㅅ'과 같은 어중자음의 약화 탈락과정이나 어말자음군의 지역의 분포를 확인하여 음운 사적인 설명을 시도한 것으로 보인다. 이러한 정밀한 관찰을 통해 표준어휘로 어떤 어휘가 선정될 수 있는지도 검토했던 것이다. 이 가운데 '흙(土)'의 어휘를 단독형과 주격형의 경우로 구분하여 방언 분포를 그리고 있으며, 어휘 분화 요인을 고려하여 어휘망을 그리고 있다. 1) 흙→흙→흑~흘, 2) 흙→헑→헐~헉, 3) 흙→흙→흙, 4) 흙→흑~홀과 같이 'ᄋ'의 변화와 어간말자음 단순화 모음 교체와 같은 변화를 고려한 방언어휘 분화를 효과적으로 설명하고 있다.

방언과 인접어와의 관계에 대해서는 몽골, 만주, 퉁구스어의 흔적과 일본어의 영향에 대한 간략한 사례를 들고 있다. 석인의 방언조사표는 시골말캐기(1)은 '가깝다'에서 '삼키다'까지 100항목, 시골말 캐기(2)는 '성냥'에서 '두부'까지 100항목, 시골말 캐기(2)는 '굴뚝'에서 167항목으로 총 367항목으로 구성되어 있다. 이 조사항목에는 항목과 함께 예상되는 방언형들을 제시하여 선택형을 고르는 방식으로 조사했는지 혹은 단지 조사 과정에 참고로 활용할 목적이었는지는 분명하지 않다. 조사 항목의 구성 내용으로 보아서는 음운 변천와 관련된 항목을 중점적으로 조사할 목적으로 작성된 것이다. 최현배 선생이 소화 10년에 펴낸 『시골말 캐기 잡책』(조선어학회) 조사 질문지는 항목을 부류별로 구분하여 어휘 항목만 제시하고 있는데 조사 항목을 대비해 보아도 상호 관련성은 없었던 것으로 보인다.

1962년 대한민국 건국훈장 독립장을 추서하였다.

13. 또나 이석린 ▪ "조선어사전 전문용어"

광복 이후 큰사전 편찬 실무

또나 이석린(李錫麟, 1914.1.29.~1999.5.10) 선생은 경기도 양주군 쌍문리(현 서울시 도봉구 쌍문동)에서 태어났다(한글학회, 2014 : 45). 양주공립보통학교를 졸업한 뒤 경성 실업전수학교에 진학하였다가 도중에 학업을 중단하였다.

1934년 서울에서 천막을 만드는 막일을 하다가 우연히 『한글』지를 읽고 우리말에 관심을 쏟기 시작하였다고 한다. 환산 이윤재 선생과의 인연으로 1936년 4월부터 조선어학회에 가입하여 조선어학회 서기로 근무하면서 조선어학회 기관지인 『한글』지의 편집, 교정과 발송을 비롯하여 조선어사전 편찬일에도 참여하였다.[1]

---

[1] 이석린, 「화동 시절의 이런 일 저런 일」, 『얼음장 밑에서도 물은 흘러』, 20~32쪽, 한글학회, 1997.

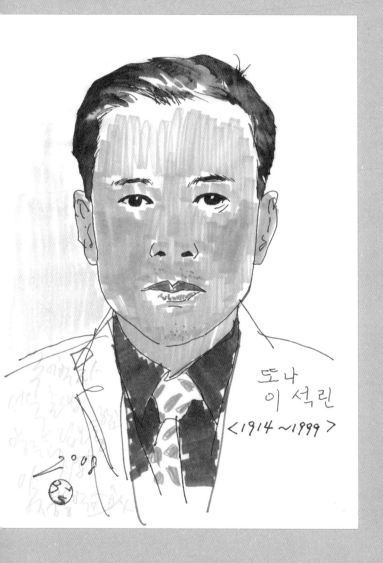

도나
이 석린
<1914 ~1999>

국가보훈처 국가유공자 공훈록 공적 조서에 따르면 1930년 조선어총회에서는 '한글 맞춤법 통일안' 제정을 결의하여 3개년의 시일과 125회의 회의를 거쳐 1933년 10월 이를 완성하였다. 1936년 4월부터 조선어학회에서 사전편찬업무를 전담하게 되자 이윤재가 사전편찬의 일을 맡아보면서 『한글』의 발행도 관여하였다. 그때 이석린이 원고 수집, 편집 및 교정 발송 등의 일을 도맡아 하였다.

그런데 1938년 10월 이석린은 상록회 사건에 연루되어 피체되었다. 상록회는 춘천고등보통학교 학생들이 조직한 농촌계몽활동 단체인데 상록회를 이끌었던 어학회 회원인 신영철 선생이 『한글』지에 실은 글이 문제가 되었다. 일경에 의해 가택수색을 당하는데, 이 과정에서 이석린과 주고받은 편지가 발견되었다. 이것이 빌미가 되어 이석린은 피체되어 3개월여의 옥고를 치렀고 1939년 불기소 방면되었다.

1939년 4월부터 일제가 학교에서의 국어 수업을 폐지시키고, 각 언론사들을 계속 폐간시키자, 조선어학회에서 편찬하던 조선어사전을 서둘러 1942년 10월까지 간행시키기 위해 힘썼다. 그러던 중, 일제의 조선어학회 해체를 위한 조선어학회 음모 사건에 연루되어 이극로, 이중화, 이윤재 등 11명이 체포될 때 함께 체포되어, 1년여 간 옥고를 치르고 1943년 기소유예를 받고 출감하였다. 출감 이후 광복을 전후하여 구두 수선도 하고 광산의 광부로 날품팔이를 하며 생계를 이어가기도 하였다.

광복과 더불어 문산농업학교와 용산에 있었던 철도학교 국어 교원을 지내다가 1984년 정년퇴임 때까지 양정중학교 등에서 교사를 역임하면서 권승욱 선생과 더불어『조선어사전』편찬 사업을 마무리하는 데 기여하였다.

1942년 10월 1일 '조선어학회' 관련자 일체 체포 명령이 떨어지면서 실질적으로 '조선어학회'의 활동은 소강기에 접어들었다가 광복이 된 1945년 8월 15일 이후 재조직화가 이루어졌다. 당시 조선어학회 제34대(1945.8.26~1946.2.3) 임원으로는 간사장 이극로, 최현배, 김병제, 이희승, 정인승, 이석린(이상인), 김윤경(이석린, 이강로) 등이 담당하였다.

일제가 1939년 4월부터 학교의 국어과목을 전폐하고 각 신문, 잡지들을 폐간시켜 나가자, 조선어학회는 사전 편찬을 서둘렀다. 그 결과 1942년 3월 대동출판사의 협력을 얻어 원고를 인쇄하게 되었다. 이전부터 조선어학회를 주목해 오던 일경은 조선어학회를 해체하려는 음모하에 10월 1일 조선어학회 관계 인사 이중화, 이극로, 이윤재 등 11명을 체포하였다. 소위 조선어학회 사건에도 피체되어 1년 여의 옥고를 치렀다.

6 · 25 전쟁이 발발하자 인민군에 잡혀 의용군으로 강제로 편성되어 평양 이북까지 끌려갔다가 탈출하여 남하하다가 유엔군에 체포되어 거제도 포로수용소에서 3년간 포로 생활을 하다 풀려 나왔다(박용규, 2013 : 250). 1954년부터 1984년 정년퇴임 때까지 양정중학교 등에서 교사를 역임하였다. 그는 조선

어학회 사건의 마지막 생존자로 1999년 5월 10일 노환으로 타계하였다(박용규, 2012 : 250).

특히 이석린 선생은 속담에 관련된 집필과 자료를 『한글』지에 소개하는 데 기여하였으며 1957년 한글날에는 문교부 장관 표창을 받았다. 1997년 정부로부터 공훈을 인정받아 건국훈장 애족장에 추서되었다.[2]

> "한글이란 그 교묘한 것이 서양의 알파벳을 능가한다. 조선인은 실로 이와 같이 교묘한 문자를 가지고 왜 고생스럽게 일상의 서간문에까지 어려운 한자를 사용하는가? 이것은 내가 이해하기 어려운 점이다. 이와 같이 교묘한 문자를 겨우 중류 이하의 사회에서 그 교묘함을 나타낼 뿐이다.
>
> 조선 사람들은 지금 한자를 사용하면서 한글의 편리함을 제대로 이해하지 못하는 사람들이 매우 많다. 과연 이 한자를 숭상하는 폐단은 사대근성의 표상인가?"
>
> 혼마 규스케(本間九介, 1869~1919)의 『조선잡기』에서

[2] 박용규, 「조선어학회 사건의 마지막 생존자, 또나 이석린 선생」, 『우리교육』 44호, 34~39쪽, 1993.

14. 권승욱 ▪ "큰사전 실무를 맡다"

큰사전 편찬의 빛을 보다

권승욱(1917.7.10~1974) 선생은 전북 정읍군 칠보면 시산리 757 번지에서 권창호의 아들로 태어났다(한글학회, 2014 : 46~47). 권 승욱 선생은 1930년 4월에 전북 고창고보에 입학하였는데 건 재 정인승 선생 제자이기도 하다. 고창고보 시절에는 운동을 좋아하여 유도, 야구, 축구 등에 두루 능하였다고 한다.[1] 1938 년 6월에 건재 선생이 불러 조선어사전 편찬 전임위원(사무원) 으로 활동함으로서 조선어학회에 참여하게 되었다. 조선어학 회 사건과 남북 분단으로 위원들이 뿔뿔이 흩어진 이후 건재 선생과 함께 조선어사전 편찬 실무를 마지막까지 담당했던 인 물이다. 조선어학회 편찬위원 가운데 가장 나이가 어렸기 때

---

[1] 권승욱 선생의 해적이는 한글학회에서 펴낸 『조선어학회 선열들의 발자취』와 박용규의 『조선 어학회 항일투쟁사』, 251~252쪽을 참조했음을 밝혀 둔다.

전승욱
<1916~1974>

문에 소소한 일에서부터 크고 작은 일을 거의 도맡아서 일을 하였다.

1945년 광복 이후에는 공병우 박사의 개인 한글선생을 역할을 하였고 배재학교와 여러 학교 국어 선생으로서 활동하면서 조선어 사전 만드는 일에도 솔선하였다.

1942년 10월 1일 이중화, 장지영, 최현배, 이극로, 한징, 이윤재, 이희승, 정인승, 김윤경, 권승욱, 이석린 등 핵심인물 11명이 1차로 검거되어 함경남도 홍원으로 압송된 뒤 옥고를 치르다가 1년 뒤인 1943년 9월 18일 기소유예 처분으로 석방되었다. 조선어학회 사건이 터지기 직전인 1942년 4월 그 사전 편찬 일부 원고를 대동출판사에 넘겨 인쇄하기 시작했으나 이미 일제의 수사망은 점점 좁혀 들고 있었다. 수차례 조선어학회 사무실이 수색 당하였으며 일경은 적당한 빌미를 잡기 위해 혈안이 되어 있었다.

10월 1일 이중화, 장지영, 최현배, 이극로, 한징, 이윤재, 이희승, 정인승, 김윤경, 이석린 등과 함께 핵심인물 11명이 검거되어 함경남도 홍원으로 압송된 뒤, 1943년 4월 1일까지 모두 33명이 검거되어 고문을 당했다. 사건을 취조한 홍원경찰서에서는 33명 모두 치안유지법의 내란죄로 기소했다. 이들 중 16명은 기소, 12명은 기소유예 되었으며, 기소자는 예심에 회부되고 나머지는 석방되었다. 이 사건으로 조선어학회는 강제로 해산당했다가 해방 후 조직을 정비한 뒤 1949년 9월 한글학회로 이름을 바꾸었다.

출옥한 뒤 권승욱 선생은 전남 광주로 내려와 있었는데 서민호 선생의 소개로 벌교에 있는 송명학교 교사로 취직해 있다가 학교가 다시 폐교되자 금융조합 서기로 일하면서 벌교에서 개최된 국어강습회 강사로 활동하였다(박용규, 2012 : 252).

1945년 9월 조선어학회가 다시 복원되면서 조선어사전 편찬 사업의 전담 위원으로 『조선어사전』 1권에서 6권까지 출판을 위한 교열 및 교정에 참여하여 사전 편찬의 끝 마무리를 위해 헌신하였다. 그 후 수도여자사범대학 강사, 배재고등학교 국어 교사로 근무하면서, 한글학회 이사를 역임하였다.[2]

> "우리 신문이 한문은 안 쓰고 국문으로만 쓰는 것은 상하 귀천이 다 볼 수 있게 하기 위함이다. 또 국문을 이렇게 띄어쓴 것은 누구라도 이 신문을 보기가 쉽고 신문 속에 있는 말을 자세히 알아보게 하기 위함이다. 각국에서는 남녀를 불문하고 사람들이 본국 국문을 먼저 배워 능통한 후에야 외국글을 배우는 법인데 조선에서는 조선 국문은 안 배우더라도 한문만 공부하는 까닭에 국문을 잘 아는 사람이 드물다."

〈독립신문〉 창간호 사설에서

---

2 박용규, 『조선어학회 항일 투쟁사』, 251~252쪽, 한글학회, 2012.

제2장 민족 문학과 역사, 교육

15. 애류 권덕규 • "우리말 민족사학의 연원"

역사학자이자 국어학자

애류(崖溜) 권덕규(權悳奎)(1890.8.7.~1950(?)) 선생은 경기도 통진군(김포) 하성면 석탄리 315번지에서 안동 권씨 가문에서 태어났다. 어린 시절 마을에서 한학을 배웠으며 1910~1913년 서울 휘문의숙을 졸업하고 모교와 중앙학교, 중동학교에서 국어 및 국사를 가르쳤다(박용규, 2012 : 282). 주시경 선생의 뒤를 잇는 몇몇 학자들 가운데 한 사람이다. 1911년 조선광문회에서 『한글 말모이』 편찬을 이끌던 주시경, 김두봉, 이규영 선생을 도와 일찍부터 한글사전 편찬에 눈을 뜨게 된다. 1914년 경남 동래 범어사 내 명정학교에 개설된 조선언문회 하계 강습소의 강사와 그 이듬해 조선어강습원 고등과 및 중등과의 강사로 김두봉 선생과 함께 주시경 선생을 도와 활동한다. 1915년 3월부터

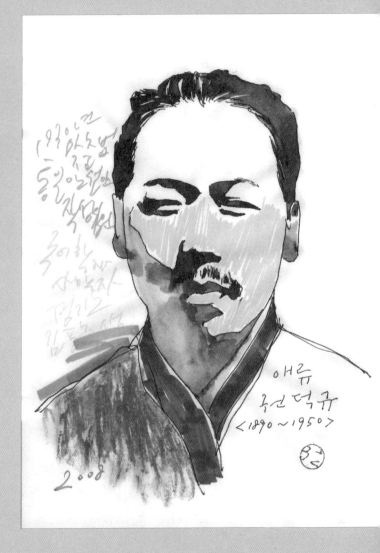

애류

주선덕규

<1890 ~ 1950>

2008

2년 동안 조선어강습원에서 김두봉 선생과 함께 고등과 교원을 1915년 9월에는 중등과 강사를 맡았다. 1916년 4월에는 조선언문회의 의사원에 선임되었다. 1921년 12월 3일 조선어연구회 창립에 참여하였으며, 조선어강습원 중등과 1회로 졸업하였다. 1921년 3월 조선총독부 학무국 언문철자조사회 조사위원에 임명되었으며 동년 12월 휘문학교에서 결성된 조선어연구회 창립 회원으로 간사를 맡게 된다. 1924년 9월『조선유기』(상권, 상문관)을 간행하였다. 그해 중앙고등보통학교 조선어 교사로 자리를 옮겨 제자 근원 김용준(1904~1967) 선생을 가르친다. 1926년 10월에『조선유기』(중권, 상문관)을 간행하고 윤치호, 이윤재, 박승빈 선생과 '정음회'를 조직한다. 1929년 4월에『조선유기략』(하권, 상문관)을 간행한다.

1929년 조선어사전편찬위원 준비위원을 맡아 조선어사전 편찬에 적극 참여한다. 1931년 조선어학회 하기 강습회 강사로 경상도 일대를 순회하였으며, 당시 동아일보에서 주최한 조선어강습회 좌담회 강사로 영남지역과 관북, 관서 지역을 순회한다. 이어 중앙고보 교사직을 그만 두고 1932년 12월 한글맞춤법통일안의 수정위원으로, 1933년에는 정리위원으로 한글맞춤법통일안 작성에 기여한다. 1935년에는 마련된 한글맞춤법통일안을 바탕으로 표준어 사정위원이 되어 조선어사전의 올림말로 올릴 표준어의 선정 작업에 관여하였으며, 1936년부터는 조선어사전의 집필위원으로 고어와 궁중어 등 역사 전문

용어의 뜻풀이를 전담한다. 또한, 『한글』지에 우리나라 고대 문자의 유래를 밝힌 「정음 이전의 조선글」을 비롯하여 신문 잡지 등에 수많은 논문, 논술, 수상 등을 발표하였다. 또한 한 글순회강습 등에 온 힘을 기울였다. 그는 호주가로도 유명하여 많은 일화를 남기기도 했다. 저서로는 『조선어문경위』(1923) 『조선유기』(1924) 및 『을지문덕』(1946) 등이 있다.

1940년 현저동 산비탈 집에 기거하다가 갑자기 중풍으로 쓰러지자 흑석동 133번지로 이사를 하여 그곳에서 매우 곤궁한 말년을 보낸다. 1942년 10월 조선어학회 사건으로 일경에 체포 구금되었으나 1943년 4월 신병을 이유로 기소 중지되었다. 1945년 『조선사』(정음사)와 『조선사기략』(상~중)을 합쳐 『조선유기』를 간행하였는데, 이는 광복 이후 가장 인기 있는 조선사 가운데 하나가 되었다. 그 이듬해 『을지문덕』(정음사, 1946)을 간행하였다. 1949년 여름 갑자기 행적을 감추었는데 그 이듬해 세상을 떠났다는 설도 있다.

애류가 남긴 저술 가운데 『조선어문경위』(광문사, 1923)는 전체를 60과로 나눈 일종의 국어교습서이다. 국어의 음운, 문자, 고어, 어원, 이언(俚言), 향가 등에 대한 소개와 더불어 가로쓰기의 편리함에 대해 논했다. 또한 한문의 육서, 조선어, 중국어, 만주어, 일본어, 몽골어 등의 어휘 비교에 대한 이론을 소개하고 자신의 주장을 논술했다. 『훈민정음』과 『훈몽자회』 범례 등을 부록으로 싣고 있다. 국어문법, 국어학사에 대한 저자의 독특한 견해를 살펴볼 수 있는 저서이다. 특히 『훈민정음』
은 한글로 풀어쓴 최초의 국사교과서로 어제 세종 훈민정음이
아니라는 자신의 견해가 반영되어 있다.

『조선유기략』(1929, 상문관)은 1929년에 한글학자이며, 민족사
학자였던 애류 선생이 쓴 조선사이다. 당시 나라 잃은 조선인
들에게, 특히 학생들을 위해 우리 민족의 역사와 뿌리문화 및
북방강역 문제를 알기 쉽게 서술하여 독자들로 하여금 직시하
게 하고 잊지 않도록 하기 위해 무척 공을 들였다. 1920년대
출간된 조선사 책들 중 가장 우수한 국사교과서로 호평을 받
았으며, 당시의 한문투 문장 대신, 누구나 손쉽게 이해할 수
있는 한글식 문체로 풀어쓴 점이 이 책의 특징이다.

선생의 글이나 책들을 읽어보면 시류에 엇박자를 걸어온 낭
만적 지식인으로서의 꼿꼿한 그의 기품이 느껴진다. 정인승
선생은 「권덕규론」(1958, 『사조』 10월호)에서 애류는 키가 아주 작
았으며 얼굴은 얽어서 풍모는 보잘것없었지만 담대호방하고
거리낌 없는 고결한 학자였으나 술을 워낙 좋아하여 일찍 하
세한 것을 안타까워하고 있다.

애류는 우리말과 글에 대한 사랑도 컸지만 민족 역사에 대
한 남다른 관심과 열정을 가진 학자였다. 한편으로는 각종 언
론을 통해 많은 100여 편의 넘는 논설을 통해 만족의 자긍을
심으려고 노력하였다. 그리고 수많은 강연회, 강습회 참여, 라
디오 방송 한글프로 진행자까지 맡는 등 전방위적으로 민족문

화 창달과 보급에 헌신하였다.

「내가 자랑하고 싶은 조선 것」(『별건곤』 제12, 13호, 1928.5.1)에는 한글의 기원을 고대 한자의 발생과 연결시킨 다음 한글의 탁월함을 이렇게 말하고 있다.

"이치에 들어맞고 소리에 막힘이 없으며 모양이 짜여서 도무지 나무랄 데 없는 글자는 없느냐? 아니다 한학자의 천대를 받아 오늘까지 쓰이지 못한 언문 곧 우리의 생각으로 만들어내 훈민정음이야말로 한 점도 티가 없는 가장 고등된 합리적인 글자이다. 그 모양의 아름다움과 소리의 넉넉함과 배우기 쉽고 쓰기에 편한 것이 그 하나로는 미술적 감정을 주며 그 하나로는 교육적 이점이 있고 그 하나로는 실무적 본능을 갖추어 그 하나로의 요구할 모든 요점은 하나도 갖추지 아니한 바 없어서 내외의 모든 학자가 이와 같이 평하였다."

조선의 최대 자랑거리를 바로 한글로 꼽고 있다. 우리말 곧 소리가 우리의 문자와의 결합을 이루어낸 것이 한글이라는 그의 확신에 찬 소신을 읽어낼 수 있다. 어디 애류 선생이 한학이 짧아서 한글을 쓰자고 했겠는가? 시대의 변화를 냉정하게 통찰하고 있었던 지식인의 바른 목소리가 쟁쟁하게 들려오는 듯하지 않는가?

애류는 역사학자답게 우리말과 글의 연원에 대해 많은 관심을 가졌던 것이다. 애류가 1922년 9월에 쓴 「조선어문의 연원과 그 성립」(『동명』 제1권 제1호)에서 보여주는 언어관은, '언어는 사상의 표지'이고 '문자는 사상의 표지인 언어의 부호'로, 언어는 곧 음성으로 전달되며 문자는 시각으로 전달하는 인류의 창조적 산물임을 강조하고 있다.

「정음반포 이후의 변천」(《조선일보》 1930.9.5.~9.15.)이라는 장문의 글에 당시 우리말이 외래적 요소가 많이 혼류되었을 것으로 보고 "현재 남쪽에는 일본말이 많이 끼이고, 북쪽에는 러시아 말이 많이 섞이고, 서북에는 중국 말이 많이 어울린 것과 같이 고대에 있어서도 영향에 따라 그쪽 외국말이 많이 넘나들었을 것은 말할 것도 없다."라고 예단하면서 문자 역시 마찬가지였을 것으로 보고 있다. 애류는 한글이 표음식 음소문자로서 우수성, 창제자가 밝혀진 법령 문자로 반포되었다는 점, 문자 운용 체계의 현대 언어학적 우수성을 갖춘 문자임을 명백히 읽어내고 있다.

16. 야자 이만규 • "조선교육사의 기초를 다진 독립운동가"

조선 교육사의 틀을 놓다

야자 이만규(李萬珪, 1882.12.2.~1978.7.13) 선생은 강원도 원성군 지정면 간현리에서 아버지 한산 이씨 명직과 어머니 문화 류씨 사이에 2남 가운데 장남으로 태어났다(박용규, 2012 : 253). 어린 시절 장난이 심했으며 언변이 좋아 주변 사람들에게 붙임성이 있었다고 한다. 서당과 소학교를 졸업한 뒤 열여덟 살에 경성으로 와서 경성의전 강습소(대한의원부속의학교)를 2기로 졸업하고 1911년 개성으로 가서 친구와 함께 병원을 개업한 뒤 송도중학교 생리 강사로도 지내다가 의사직을 버리고 교육자의 길을 걷게 된다. 1910년 남궁억 선생의 소개로 몽양 여운영 선생을 만나 평생의 친구로 지내게 되었다. 그해 독립운동 단체인 신민회에서 운영하던 상동사립청년학원 교원으로, 1913

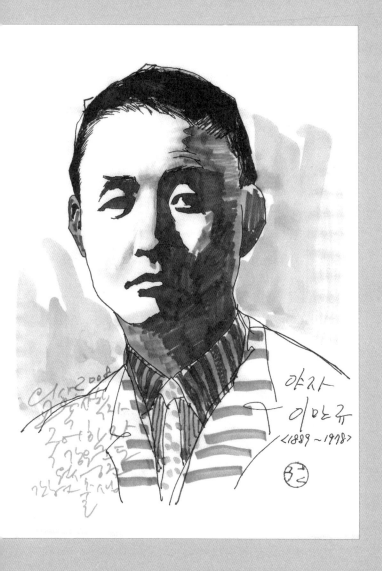

2008
얼굴은
몰라보게
한 켠에
외로이

야자
이만규
<1889~1978>

년에는 윤치호 선생의 권유로 개성의 송도고보의 교장으로 또 교원으로 생리, 수학, 우리말과 역사 등을 가르쳤다. 당시 민족 자강운동을 전개하고 있던 남궁억 선생을 만난 것이 그의 인 생 항로를 바꾼 중요한 계기가 되었다. 의사에서 교원으로 3년간 민족 교육의 뼈대를 세우는 연구를 하였으며, 1929년 10월 이극로 선생의 안내로 조선어사전 편찬 발기인과 1931년에 는 그 한글맞춤법 제정위원 등으로 참여하였다. 1935년에서 30년 사이에는 조선어 표준어 사정위원 및 수정위원으로 참여하였고 화학, 물리 전문용어의 올림말 선정과 풀이말 집필에도 기여하였다. 그리고 1931년과 1934년에는 한글보급 운동에 나서서 이에 정열을 쏟았다. 야자는 조선어학회 제6대 간사장(1936~1937)을 7대 간사(1937~1938)를 맡아 조선어학회 발전의 중추적인 역할도 담당하였다.

1916년 송도고보 학생들이 우리말 창가집을 등사하여 유포한 사건으로 야자는 개성경찰서에서 조사를 받았으며 1919년 3·1운동이 전국으로 번져갈 때 당시 조선인 동료 교원들이 관망만 하자 광복 운동에 보다 더 적극적으로 참여하기를 독려하기도 하였다. 1919년 4월 개성지역의 교원들과 연대하여 독립운동의 후속적인 일을 도모하다가 일경에 발각되어 4개월 간 옥고를 겪는다. 1913년 13년간의 교원 생활을 마무리하고 경성으로 돌아와 배화여고의 교원과 교무주임을 맡는다.

1938년 흥업구락부(수양동우회)사건에 연루되어 3년간 옥고를 치렀다. 이 기간 동안 『조선교육사』의 집필 구상을 했고, 출옥한 후에 이 책의 원고를 완성했다. 1943년부터 여운형 선생이 이끄는 건국동맹에 참가한 것을 이유로 하여 1946년 6월 그동안 다년간 역임하던 배화여학교 교장직을 그만두고 공백기 동안 집필한 『조선교육사』(상, 하)의 출판을 제의받고 마침내 조선인 손으로 쓰여진 최초의 『조선교육사』를 출간하였다. 이밖에 『여운형선생투쟁사』 등의 저서도 있다. 특히 『조선교육사』는 조선 교육 발달사의 고전으로 인정되는 저서로서 교육사를 문화의 한 분야로 보고 시대마다의 교육제도와 사상을 체계적으로 서술하고 있다.

특히 일제 말기 조선어 교육에 대한 탄압이 가중되던 시기에는 조선어 과목을 필수교과목으로 추진하기를 주장하였다. 민족어의 죽음은 민족 혼의 쇠퇴로 이어진다는 그의 정신을 그의 글 곳곳에서 찾아 볼 수 있다. 단재 신채호의 민족사관과 백남운의 경제사관의 영향을 그의 저술에 반영하였으며, 이제까지 교육의 혜택을 받지 못했던 일반 민중과 여성에 대한 교육의 중요성을 소개하고, 전통시대의 교육에 대해서도 잡과교육으로 쳤던 기술(실과)교육의 중요성을 포함시키는 등 새로운 관점이 제시되어 있다. 이외에도 8·15해방 이후 새로운 교육제도를 마련하는 과정에서 교육에 관한 논설을 발표했는데, 1946년 '건국교육에 관하여'라는 글에서는 평등 교육 이념을 강조하여 의무교육의 실시를 주장했다. 학제에 대해서도 당시의 6-6-4제는 생활수준이 높은 국가에서나 실시할 수 있는 것이라 하여, 기초교육을 유치원 3년(4~7세), 소학교 5년(7~12세), 중학교 3년(12~15세), 고등학교 3년(15~17세), 대학교 4~5년(18세이상)으로 할 것을 제안했다. 건국준비위원회와 근로인민당에 참여하여 교육과 문화 부문에 관한 강령과 정책을 수립하기도 했다.

1942년 10월 조선어학회 사건으로 이윤재, 이극로, 최현배, 정인승, 김윤경, 이희승, 이병기, 이은상, 안재홍 선생과 함께 함흥에서 감옥살이를 하다가 1943년 9월 18일 기소유예로 석방되었다. 감옥살이를 하던 중 혹독한 고문으로 한쪽 귀에 심한 손상을 입기도 하였다. 1944년 여운영이 이끄는 조선건국동맹에 참여하였다. 1947년 5월 이후에는 근로인민당 중앙위원회 상임위원을 지냈다. 1947년 7월 여운형이 암살되고, 5·10총선거 등 정치적인 변화로 인하여 1948년 6월 평양에서 열린 남북조선제정당사회단체지도자협의회에 근로인민당 대표로 김구, 김규식 선생과 함께 평양으로 갔다가 그곳에 잔류하게 되었다.

북에서의 활동은 자세하게 알려져 있지 않으나 1948년 9월에는 최고인민회의 제1기대의원이 되었으며, 1949년 6월 조국통일민주주의전선 중앙위원에 선임되었다. 1956년 5월 조국통일민주주의전선 확대회의 호소 문안을 작성하였다. 이듬해 2월 조국문자개혁연구위원장직을 맡았으며, 8월에는 다시 최고인민회의 제2기대의원이 되었다. 1961년 5월 조국평화통일위원회 위원 겸 상무위원을 지냈다. 이듬해 10월에는 최고인민회의 제3기대의원에 선임되었으며, 1965년 2월 조국통일사 사장직에 올랐다. 교육성 산하 보통학교국장을 역임했고, 최고인민회의의 대의원을 거쳐 민주조선의 사장을 끝으로 현역에서 은퇴하여 90세의 나이로 사망한 것으로 알려져 있다. 1978년 7월 13일 90세의 나이로 세상을 떠났다.[1]

---

[1] 심성보, 「야자 이만규 선생의 삶과 교육」, 『얼음장 밑에서도 물은 흘러』, 88~100쪽, 한글학회, 1977.

17. 동운 이중화 ▪ "기억에서 사라진 독립운동가"

암흑 식민시대 개화를 이끌다

동운 이중화(1881년~미상) 선생은 한성 징청방 두석동(서울 종로구) 1가 3번지에서 아버지 이용주 씨의 둘째 아들로 태어났다. 국가보훈처 국가유공자 공훈록 공적 조서에 따르면 선생은 어린 시절 10년간 한문을 배우고 다시 동경 사립흥화학교에서 영어 및 지역(지리)을 수학한 후 약 25년간 동교 및 사립배재학당 및 배재고등보통학교의 영어 및 지역 교원으로 근무하였다. 1899년 9월에 민영환 선생이 설립한 흥화학교에서 남궁억 선생 아래에서 영어과를 졸업한 후, 1904년 이 학교 교원으로 지내다가 1905년 6월 흥화학교의 총교사로 승진하였다(한글학회, 2014 : 24). 1910년 동운은 아펜젤러가 설립한 배재학당의 교원으로 취임하여 주시경 선생과 함께 근무하였다. 이 학교에서

동우 이종화
<1881 ~ 1950>

주시경 선생을 만난 동운은 암흑시대의 조국의 광복과 개화의 꿈을 키워나갔다(박용규, 2012 : 222~223).

국가보훈처 국가유공자 공훈록 공적 조서에 따르면 1919년 4월 1일 밤 충남 홍성군 금마면 가산리에 설치된 임시 연극장에서 관객들이 독립만세를 불렀다. 민영갑 등은 가산리 이원교의 집에서 연극이 공연되고 있을 때 독립만세를 부를 것을 계획하였고, 이날 관람객들에게 독립만세를 부르자고 제안하여 동의를 구한 뒤, 20~30명의 관객과 함께 독립만세를 불렀다. 만세운동이 일경에 의해 해산당하자, 이들은 이튿날 홍성 장터로 나가 군중들과 함께 독립만세를 고창하며 만세시위를 전개하였다. 동운은 영어를 전공했지만 역사-지리 방면에 많은 관심을 가지고 있었는데 서울의 역사, 지리, 언어 등 백과사전적 지식인 모아 『경성기략』(1918)이라는 책을 펴냈다. 배재학당 교원시절 경주로 수학여행을 다니면 보고 들은 경주의 사적을 책으로 엮은 『경주기행』(1922)도 이 시기에 나온 것이다.

1929년 10월 31일 네 번째 한글 창제 기념식이 끝난 자리에서 각계 유지 108명으로 결의한 '조선어 사전 편찬회' 준비위원 32인과 집행위원 5명(신명균, 이극로, 이윤재, 이중화, 최현배) 가운데 동운이 참여하게 된다. 1936년 4월부터 조선어사전편찬회의의 사전 전임 집필위원을 비롯하여 동년 8월에는 조선어표준말사정 수정위원 11명 가운데 한 사람으로 활동하면서 조선어학회와 긴밀한 관계를 갖게 된다.[1]

국가보훈처 국가유공자 공훈록 공적 조서에 따르면 1936년 9월경 조선어학회 사무원에 고용되어 1937년 여름 무렵부터 1942년 10월경까지 경성화동정의 조선어학회 사무소에서 고유명사, 인도어, 한자어의 어휘를 담당하며 조선어사전편찬에 종사하였다. 1936년 4월 편찬위원의 전임 집필 위원으로 이극로, 이윤재, 정인승, 한징 네 사람과 함께 동운은 편찬원으로서 전문용어 풀이에 힘을 쏟고 있었다. 이 무렵 경성 여자미술학교 교장직도 그만두고 전문 용어 16개 부문 가운데 제도어와 음식 용어 부분의 전문용어 뜻풀이를 담당하였다.

1942년 10월 1일 '조선어학회사건'이 터지면서 1차로 이중화 선생을 비롯한 11명이 체포되어 함경남도 홍원 경찰서로 유치되어 갖은 고문과 고초를 겪다가 1945년 1월 16일 이 중화 선생은 일제로부터 1심 판결로 징역 2년 집행유예 4년 형 선고를 받고 2년 3개월만에 병보석으로 풀려났다. 65세의 고령의 나이로 형기를 마치고 1945년 1월에 석방되었다. 고문의 후유증으로 서울 자택에서 요양을 하던 중 꿈에도 그리던 광복의 날을 맞게 된다. 조국 광복과 함께 조선어학회 사건으로 구금되었던 분들이 다 풀려나자 즉시 조선어사전 편찬위원들이 다시 모여 사전편찬의 마무리 작업이 시작되었다.

편찬원 겸 간사장에 이극로 선생, 편찬 주무 겸 간사에 정

---

[1] 한글학회, 〈동운 이중화선생〉, 『한글새소식』, 504호, 2014. 8. 참조.

인승 선생, 편찬원 겸 간사에 김병제, 이중화, 정태진, 권승욱 선생, 편찬원에 한갑수, 김원표, 안석제, 이강로 선생이 맡게 된다. 조선어학회 사건으로 감옥에서 옥사한 이윤재, 한징 선생을 대신하여 이윤재 선생의 사위였던 김병제 선생이 편찬위원으로 들어오고 편찬원으로 네 분이 새로 영입되어 조직을 보강하였다.

당시 동운은 사전편찬 업무 이외에 관련 자료 및 도서를 관리하였다고 한다. 새로 영입된 편찬원 이강로 선생은 「동운 이중화」(『얼음장 밑에서도 물은 흘러』, 한글학회, 1993, 49)에서 이렇게 회상하고 있다.

> "스승의 옆자리에 앉아 참고 도서에 관한 여러 가지 필요한 사항에 대하여 직접 지도를 받았다. 이때에 놀라고 감격스러운 일은 스승께서는 각종 도서를 감식하는 안목이 월등하게 높고 뛰어나다는 것이었다. 조선왕조실록에 당시에는 아주 귀한 책으로 경성제국대학(서울대학교)에서 영인 발행한 가제본이 고작이었다. 고종실록과 순종실록을 제외하고 888권인데 한 트럭이 넘는 분량이었다. 이 많은 책을 하나하나 점검하고 낙장된 것, 흠이 있는 것, 인쇄 잘못된 것들을 손수 거들어 주시면서 식별하는 방법, 처리 요령들을 알기 쉽게 설명해 주셨다. 그밖에 역사, 지리, 어학, 유서… 등등 수천 권의 문헌 자료를 하나하나 설명해 주시었다."

이처럼 동운은 사전편찬에 필요한 관련 문헌을 선별하고 인용하는 편찬원들의 자문 역할을 하신 것이다. 그뿐 아니라 제도어와 토속어의 뜻풀이 등 동운의 역할이 매우 컸다. 조국광복과 함께 조선어학회 살림살이는 매우 어려운 곤경에 처해져 있었다. 1948년 한글학회에서는 '한글의 집' 재단법인을 설립에 필요한 경비를 조달하는 데 부족한 경비 마련을 위해 동중은 대대로 내려온 부천의 옥답 9,962평을 재단에 기증하였으며 초대 이사장을 지냈다. 우리말과 글을 지키는 일이야말로 곧 나라를 되살리는 길임을 몸으로 실천하고 이끌어온 분이라고 할 수 있다. 한글학회 후원 재단인 '한글집'의 초대 이사장과 1948년 국학대학의 초대 학장을 맡으시면서 김천고보에 교장으로 재직 중이시던 정열모 선생을 모셔오기도 하였다(박용규, 2012 : 224). 그는 학회를 위해 경기도 부천에 있는 9,962평의 땅을 기증하였다.[2]

조국의 광복과 미군정기, 대한민국의 건국의 소용돌이는 좌우의 이념의 분쟁, 한글간소화표기의 논란에 휩싸여 엄청난 혼란의 수렁 속으로 빠져 들면서 한국전쟁이 발발한다. 전쟁 기간인 1950년 7월 24일 종로에서 인민군에게 강제 납치된 이후 그의 생사와 활동에 대해서는 무거운 침묵 속으로 가라앉는다.

---

[2] 한글학회, 『한글』 107호, 71쪽, 1949.

정부로부터 공훈을 인정받아 1968년 대통령표창을 받았다. 그해 한글날은 박정희 대통령이 한글 전용화를 선포하고 조선어학회 관련 인사들에게 정부 건국공로의 공과를 인정하여 상훈을 전달하였다. 2013년 8월 15일 대한민국 건국훈장 애족장에 추서되었다. 강제 납북으로 인해 동운 선생에 대한 역사적 사료가 발굴되지 않아 우리들의 기억에서 멀어져 갔다.

18. 가람 이병기 ▪ "국어학의 경계를 넘어서"

조선문학의 길을 찾은 무욕의 선비

가람(嘉藍) 이병기(李秉岐, 1891.3.5.~1968.11.29) 선생은 전북 익산군 여산면 원수리(진사동) 573번지에서 이채(李採)의 큰아들로 태어났다. 1898년부터 고향의 사숙에서 한학을 공부하다가 당대 중국의 사상가 량치챠오(梁啓超)의 『음빙실문집(飮氷室文集)』을 읽고 신학문에 뜻을 두었다고 한다.[1] 1910년 3월 전주공립보통학교를 졸업하고 1913년 관립 한성사범학교를 졸업하였다. 사범학교 재학 중인 1912년에 조선어강습원 1기생으로 주시경 선생으로부터 조선어문법을 배웠다. 1913년부터 남양학교, 전주제2학교, 여산의 공립보통학교에서 교원으로 시조 창작과 함께 우리의 고전 시가와 산문학의 기초를 닦았다. 현재 서울대

---

[1] 이병기, 『가람문선』, 500쪽, 연보 참조, 신구문화사, 1971.

가람
이 병기
<1891 ~ 1968>

학교 규장각 가람문고에 기증한 숱한 우리 전적을 수집하였다.

1921년 권덕규, 임경재 선생과 함께 조선어문연구회를 발기 조직하여 간사의 일을 보았다. 1922년부터 동광고등보통학교, 휘문고등보통학교에서 교원 생활을 하며 시조 창작에 뜻을 두고 시작에 전념하였다. 1924년에는 조선어학회 간사로 활동하겠다. 1926년 영도사에서 '시조회'를 발기하였고, 1928년 이를 '가요연구회'로 개칭하여 조직을 확장하면서 시조 혁신을 제창하는 논문들을 발표하는 등 시조 창작에 뜻을 둔 박재삼 시인 등의 재자들을 이끌었다.

국가보훈처 국가유공자 공훈록 공적 조서에 따르면 1927년 2월 권덕규, 최현배, 정열모, 신명균 등과 같이 '한글사'를 조직하고 월간 잡지 '한글'을 발간하여 민족의식 고취에 전념하겠다. 1928년 12월 30일 천도교강당에서 「시조의 사적 발전과 문학적 지위」라는 제목으로 강연을 시작하면서 본격적인 시조 문학의 이론화와 현대적 장르로서의 시조의 형태를 개척하였다. 이와 함께 1929년 1월 14일 안국동 예배당에서 개최된 한글강습회에 강사로 한글보급운동에도 활동하게 된다.

국가보훈처 국가유공자 공훈록 공적 조서에 따르면 1929년에는 조선어연구회가 조직한 조선어사전편찬회의 발기인이 되어 사전편찬의 일을 추진하였다. 또한 1920년대 전반에 걸쳐서 민족(국민)문학의 부흥을 주장하고, 고유한 민족문학의 한 장르인 시조의 발전을 위하여 진력하였다. 1930년에는 조선어연구회의 『한글맞춤법통일안』의 제정위원으로 선출되어 활동하였다. 1931년에는 동아일보사의 지원으로 조선어학회(조선어연구회를 1931년 1월 확대 개편)의 전국 순회 조선어강습회에 강사로 참가하여 1천 6백명의 지도층 청년들에게 한글 강습과 민족의식을 고취하였다. 1934년 5월에는 민족문화와 국사, 국어국문 등 국학연구단체로서 진단학회 창립의 발기인이 되어 국학운동에 적극적으로 활동하였다. 1936년 1월에는 조선어학회가 조직한 조선어 표준어사정위원회의 위원으로 선출되어 활약하였다.

1930년 12월 13일 한글 맞춤법 제정위원이 되었고, 1931년 7~8월에는 삼남지방에 순회 문학 강연과 한글 보급에 참여하는 동시에 방언, 민속, 고문서 조사를 하였다. 이 기간에는 창작 시조의 발표와 기행문과 그리고 시조문학 현대화를 위한 논설을 집필하여 『신생』, 『삼천리』 등의 잡지에 발표를 한다. 1932년 7월에는 「한글의 경과」(『한글』)라는 글을 발표하여 우리 글로 된 작품을 곧 조선문학의 영역으로 삼을 수 있다는 우리 말 중심의 문학사 서술의 기초를 다진다. 또한 동년 11월에는 「시조는 혁신하자」(동아일보)라는 글을 통해 연시조라는 현대시의 장르를 개척하는 데 앞장을 서게 된다.

1933년 7월 25~29일에 조계사에서 '한글 맞춤법 통일안' 개정 방향에 대한 토의를 하였다. 이 시기에는 조선문학에 관한 강의와 글을 왕성하게 발표한다. 1934년 9월 「시조의 발생과

가곡과의 구분」(『진단학회』)이라는 시조 발생설에 대한 개척적인
논문을 발표하였다. 1935년에는 표준어 사정위원회 사정위원
으로 선출되어 활동하였으며, 1936년 2월에는 「송강가사의 연
구」(『진단학회』)라는 논문으로 송강의 가사문학 연구의 기초를
닦았으며, 「세종대왕과 한글」」(『한글』)을 통해 우리글의 우수성
에 대해 널리 알렸다.

1937년 3월에는 구왕가 아악부, 경복, 덕수상업학교 강사를,
1938년 4월에는 연희전문학교에서 강사를 겸하면서 '조선문
학'을 맡아 후학들을 지도한다. 1939년에는 동아일보에 학예면
에 고정 칼럼을 집필하면서 일반 대중에게 시조문학을 보급하
는 데도 기여를 하게 된다.

1942년 10월 22일 조선어학회 사건으로 1943년 9월 18일 기
소유예로 출감하자 고향으로 귀향하여 농사를 지으며, 글을
쓰면서 지내다가 꿈에도 그리는 조국의 광복을 맞아 다시 서
울로 올라간다. 미군정기 시절 미군정청 편수관에 취임하여
새로운 국어 교재를 편찬하는 일에 매진하면서 「우리 가요의
여음에 대하여」(진단학회)라는 논문을 발표하였다. 1946년 9월에
서울대학교 문리과대학학장 겸 교수를 역임하였고, 단국대, 신
문학원, 예술대학 등의 강의를 맡는다. 1948년에는 동국대학,
국민대학, 숙명여대, 세종중등교원양성소 등에서 국문학 강좌
를 맡는다. 1948년 5월에 쉽게 풀이한 『의유당일기』(백양당)를,
1948년 12월에는 한글 간찰과 고문서를 풀이한 『근조내간선』

(국제문화관), 1949년 5월에는 『요로원야화기』(을유문화사), 1950년 1월 이병도 선생과 함께 『역대조선여류문집』의 편찬 등 굵직한 저서를 발표하는 동시에 다수의 논문과 논설을 발표하여 우리 고전문학의 기초를 닦는 데 크게 기여한다. 한국전쟁이 발발하자 선생은 고향으로 다시 내려와 1951년 3월에는 고향인 전주 명륜대학교 교수 겸 전시 전북대학 교수를 맡고 동 11월에는 전북대문리과대학 임시 관리의 책임을 맡는다. 1952년 9월 5일에는 전북대학교 문리과대학 학장을 맡으면서도 「청구영언과 해동가요」(『국어문학』), 「정읍사의 고찰」(『국어문학』), 「서동요와 설화」(『전북대학학보』), 「동동과 달거리」(『국어문학』) 등

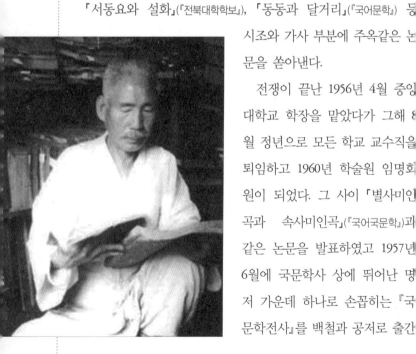

시조와 가사 부분에 주옥같은 논문을 쏟아낸다.

전쟁이 끝난 1956년 4월 중앙대학교 학장을 맡았다가 그해 8월 정년으로 모든 학교 교수직을 퇴임하고 1960년 학술원 임명회원이 되었다. 그 사이 「별사미인곡과 속사미인곡」(『국어국문학』)과 같은 논문을 발표하였고 1957년 6월에 국문학사 상에 뛰어난 명저 가운데 하나로 손꼽히는 『국문학전사』를 백철과 공저로 출간

하였다. 1957년 10월 9일 한글날 기념행사장에 참석하였다가 집으로 돌아오는 중 뇌출혈 증세로 말문을 닫고 와병 중 병세가 호전되자 다시 「조선 서지와 연구사」(상)(하)(『동방학지』)를 발표하여 우리나라 서지학의 기초를 놓고 또 1961년 4월 국문학사의 졸가리를 새롭게 세운 『국문학개설』(일지사)을 상제하는 등 학문에 대한 끝없는 정열을 쏟았다. 그해 6월 전북대학교로부터 명예문학박사 학위를 받았고 1962년 5월에는 문화훈장을 받은 후 고향 익산에 머물며 요양을 하다가 1968년 11월 29일 파란만장한 세월을 뒤로 두고 세상을 떠났다. 장례는 전라북도 예총장으로 치러졌다. 전주시 다가공원에 가람시비가 세워져 있다.

가람 선생이 6·25전쟁 피폭을 피해 자신이 수집한 많은 고서를 고향으로 트럭에 실어 날라 애지중지 수집·보관하였던 많은 우리 고전 문헌은 일괄 서울대학교 규장각 가람문고에 기증함으로써 오늘날 많은 학자들이 감사하는 마음으로 이용하고 있다.

가람의 일기 가운데 내 눈을 사로잡은 구절이 있다. 1926년 4월 27일 "비 오다. 꽃이 진다. 내리는 비와 지는 꽃은 내 마음을 더욱 쓰리게 한다." 짧은 이 한 구절에 가람의 진면목이 다 드러나 있다. 자연을 관조하며 꽃이 지는 자연의 변화에도 애련한 듯 연약한 듯한 그는 다정다감한 시인임을 알 수 있다. 한편 고 이윤재 선생 옥중 죽음에 대한 글에서도 가람의 삶의 일면을 엿볼 수 있다. 조선어학회 사건으로 감옥에서 옥사한 환산 이윤재 선생의 묘소가 서울 근교에 있었는데, 그 땅이 저당으로 넘어가자 하는 수 없이 환산의 셋째 딸이 살던 대구 달성 하빈 야산으로 이장하였다. 그러자 1946년 4월 1일 고 환산 이윤재와 그 가족 구제를 위해 선뜻 300원을 주었다고 한다. 때로는 가까운 벗이 밤늦도록 주석에서 팔을 잡으면 거절하지 않고 술잔을 기울인 참으로 따뜻한 무욕의 선비라고 할 수 있다.

1990년 대한민국 건국훈장 애국장을 추서하였다.

19. 노산 이은상 ▪ "한글로 서정을 노래하다"

'가고파'를 작사한 민족 서정 시인

노산 이은상(1903.10.12.~1982.9.18.) 선생은 경상남도 마산 상남동 102번지 태생으로 마산 창신학원을 설립한 전주 이씨 승규공과 김영유 사이의 둘째 아들이다. 필명은 이남천, 강산유인, 두우성을 사용하였다. 1918년 아버지가 설립한 마산 창신학교 고등과를 다녔는데 이미 어린 시절부터 자유 분망한 예술인 기질 때문인지 공부는 뒷전이었지만 성경과 한문 과목은 만점에 가까웠다고 한다. 학교 설립자의 아들인 덕택에 학교를 밀려나 기식으로 졸업한 후, 1923년 연희전문학교 문과에서 수학할 무렵 이미 민족 문학의 장르인 시조 시인으로서 두각을 나타내기 시작하였다. 1925년 4월 '봄처녀'라는 우리의 가곡 "봄 처녀 제 오시네 새 풀옷을 입으셨네, 하얀 구름너울 쓰고 구슬신을 신으셨네, 꽃다발 가슴에 안고 누굴 찾아오시는고"라는 가사를 지었다.[1]

---

[1] 이은상, 『노산문선』, 영창서관, 1954.

노산
이은상
〈1903 ~1982〉

1925~1927년 사이 일본 와세다대학 사학부에서 청강생으로 수학하였으며 1927년 8월부터 그 이듬해 5월까지 동경 동양문고에서 국문학을 연구하였다. 1928년 고향 마산으로 돌아와 ▪마을 뒷동산 노비산에 올라 지은 "내 놀던 옛동산 오늘 와 다시 서니, 산천은 의구란 말 옛시인의 허사로고. 예 섰던 그 큰 소나무 베어지고 없구려"라는 '옛동산'이라는 시를 지어 명가곡의 가사가 되는 등 많은 서정적 시를 쏟아내었다.

1928년 6월 무렵 서울로 올라와 최남선 선생이 주도하던 계명구락부에서 사전 편찬일을 맡고 있다가 1929년 10월 월간 잡지 『신생』의 편집장이 되었다. 국가보훈처 국가유공자 공훈록 공적 조서에 따르면 1931년 6월부터 동아일보에 35회에 걸쳐 빼앗긴 조국의 국토와 문화재에 얽힌 심정을 술회한 「향산유기」를 연재하며 민족의식을 고취하였으며 동년 4월부터 이화여자전문학교 교수로 재직할 무렵, 성불사를 찾아 "성불사 깊은 밤에 그윽한 풍경소리, 주승은 잠이 들고 객이 홀로 듣는구나, 저 손이 마저 잠들어 혼자 울게 하여라"라는 유명한 가곡 <성불사>와 1932년 1월 5일 노산의 대표작인 "내 고향 남쪽 바다 그 파란 물 눈에 보이네, 꿈엔들 잊으리료 그 잔잔한 고향 바다, 지금도 그 물새들 날으리 가고파라 가고파"라는 <가고파>를 지었다. 노산의 고향 마산의 앞바다를 그리며 지은 시인데 이것은 일제의 압박을 피해 간도지역으로 고향을 뒤로 두고 떠난 많은 실향민들의 심금을 울리게 하는 노래가

되어 잔잔하게 퍼져 나갔다. 나라를 잃어 버린 조선인들의 고향을 잃은 아픔은 곧 어머니를 잃은 아픔으로 애잔하게 퍼져 나갈 수밖에 없었으리라. 창작 생활을 위해 이화여전 교수직에서 물러나 시조의 장르를 현대 시와 접목시키는 실험작인 '소경이 되어지이다'라는 작품을 1932년 10월에 발표한다. 당시 우리나라 시조 시단의 두 거목인 가람 이병기 선생과 함께 우리글로 된 전통 시조의 현대화를 이끈 쌍두마차였다.

작품 활동과 더불어 노산은 1932년 4월 동아일보사 기자로 일하다가 『신가정』을 창간하여 1935년 5월까지 편집인으로 1935년 6월부터 조선일보사 출판국 주간 등을 역임하면서 1932년 11월에 발표한 '밤비 소리', 1934년 6월 부산 해운대 앞바다의 '오륙도'를 지으면서 그의 창작의 불꽃을 활활 피워 올린다.

국가보훈처 국가유공자 공훈록 공적 조서에 따르면 1934년 5월 진단학회 창립의 발기인으로 참가했다. 1934년 겨울에 민족독립사업에 유용한 국가적 인재를 양성할 교육기관으로 양사원을 설치할 것을 이극로, 안호상, 이윤재 등과 추진하였으며 1935년에는 조선기념도서출판관을 조직하는데 발기인으로 참가하였다. 또한 1937년에 조선일보에 「한라산 등반기」, 1938년에 「지리산 탐험기」을 발표하여 민족의식을 고취하였다. 또한 1938년에 조선일보의 주간으로 있으면서 일본군의 명칭을 '아군', '황군'으로 표기하는 것을 반대하고 동년 6월에 사직하였다. 1937년 7월 7일 늦은 밤 중국 북경 서남쪽 영정강이 있는 노구교 부근에서 일제와 중국의 군대와의 접전으로 중일전쟁이 발발하는 실마리가 된 소위 노구교 사건이 터진다. 이 무렵 노산은 틈틈이 조선어학회의 지원을 하면서 한편으로는 조선의 말과 글로 조선의 전통 문학을 확장시키기 위해 '조선 문인 협회'를 조직한다. 기사 삭제와 정간이라는 끊임없는 일제의 언론사 탄압조치로 언론사를 떠나 1938년 부산으로 귀향하여 9월 29일 부산 앞바다를 바라보면서 '나도 같이 시를 쓴다'는 자탄의 노래를 부른다. "아득한 바다 위에 갈매기 두엇 날아든다, 너울너울 시를 쓴다 모르는 나라 글자다, 널다란 하늘 복판에 나도 같이 시를 쓴다."라는 시에서 일본어를 사용토록 강제받는 식민제국의 문사의 가슴 아픔을 토로하고 있다. 흔히 당시의 문인들이 일본어로 창작한 작품을 두고 단순히 친일 문학으로 속단해서는 안 된다. '검은 얼굴 흰 마스크'를 쓴 파농의 작품 역시 제국의 언어 프랑스를 버리고 어느 날 식민 모국어로 응어리 진 절규가 제3세계의 저항 문학으로 이어진 것처럼 기울어져가는 지식인의 내면적인 아픔과 갈등을 이념적으로 조급하게 분할해서는 안 될 것이다. 조국의 언어로 허공에 시를 쓰지 않으면 안 되는 한 시인의 아픔이 행간 행간에 묻어나 있다.

부산으로 내려와 있던 노산은 다시 1939년 10월 23일 친구가 경영하는 전남 광양 백운산에 있는 선동계곡으로 피신하여

"예서부터 집도 없고 인적도 끊어지고, 다만 하늘과 나와 송림과 산새들과, 오르고 내리고 또 오르고 백운산으로 가네"라는 시를 남긴다. '이은상'이 아닌 '이보달'이라는, 창씨개명이 아닌 은둔의 가명으로 속세를 떠나 자연과 함께 뒹굴며 저문 조국의 강산을 노래한다. 노산의 제자이자 한글학회 원로 국어학자인 정재도 선생은 「나라 사랑 덩어리 노산 이은상 선생」(『얼음장 밑에도 물은 흘러』, 한글학회, 1993, 284)에서 백운산 은거 시절의 노산을 "단군 모자 쓰고 세종 두루마기를 입고 충무공 신을 신은 사람이라고 이름 나 있는 터라, 나라를 사랑하고 글을 읽고 글을 짓고 글을 사랑하는 버릇이야 하루아침에 버릴 수가 없다. 백운산 속에 와서야 숨길 것이 없다."라고 하여 잠시 자연 속에 묻혀 있던 노산의 심정을 기술한다. "산모롱이 개울 언덕 숲 사이 초가 두서넛/태고적 인심 태고적 말을 쓰는 곳/세기의 수레 밖으로 떨어져 나온 지역이라" 이 시는 1941년 9월 20일에 지은 작품이다. 깊은 전라도 광양 백운산 골자기에 점점이 살아온 조선인, 그들은 인심으로 태곳적부터 전해 오는 우리말을 쓰는 사람들이다. 이미 도시는 일본어가 상용화되었고 이제 남은 곳이라고 이 외로운 산곡의 마을 몇몇이 세상의 수레 밖으로 밀려나고 떨어져 나온 곳, 그 현장에 홀로 서 있는 참담한 심경을 노래하고 있다.

시인에게 있어서 언어란 생명과도 같은 것이다. 그 언어는 바로 모어일 수밖에 없다. 모어가 비틀려진 상황은 시인의 죽음과도 같은 것이다. 어느 날 고향 마산 창신학교 시절 조선어를 가르치던 환산으로부터 한 통의 편지가 날아 왔다. 이윤재 선생이 노산의 시문을 모아 영창서관에서 『노산문선』을 편찬한다는 내용이었다.

1940년 안창호, 안호상, 이극로, 이윤재, 이은상, 이인 선생이 모여 식민 조선의 젊은이들에게 민족 독립 사상을 교육하려는 목적으로 '양사원'을 설립하였으나 제대로 운영되지는 않았다. 그 취지문에 바로 '3ㄹ 운동'이라는 말이 나오는데 '한얼, 한말, 한글'의 받침 'ㄹ' 세 글자이다. 조국 광복과 함께 전남 광양의 유지들의 권고로 1945년 12월 호남신문을 인수하여 1947년 우리나라 최초의 종합 일간지로 가로쓰기 조판을 한 신문을 발간하였다.

국가보훈처 국가유공자 공훈록 공적 조서에 따르면 1942년 10월에 일제가 조선민족 말살정책의 일환으로 조선어 말살정책을 대폭 강화하고 한글 연구자들을 탄압하기 위하여 만들어 낸 조선어학회운동으로 구속되어 함경남도 홍원경찰서와 함흥경찰서에서 일제의 잔혹한 고문과 악형을 받았으며, 1943년 9월 18일 함흥지방법원에서 기소유예로 석방되었으나 실질적으로 1년간의 옥고를 겪었다.

1949년 다시 상경하여 동국대학교 문리과대학 강사로 시조 문학의 이론을 체계화하는 동시에 시 창작론 강의로 문명을 날리다가 다시 6·25 전란에 휩싸이면서 1951년 1월 부산에서 피난살이를 한다. 1952년 6월 광주로 가서 전남일보를 인계받아 호남신문으로 복간하여 신문사를 경영한다. 1969년 5월 경희대학교에서 명예문학박사를 받고 1973년에는 전남대학교에서, 1974년에는 연세대학교에서 각각 명예문학박사학위를 받고 1969년 7월 대한민국 예술원 문학공로상, 동 10월에는 한글공로상, 1970년 8월에는 대한민국국문훈장 무궁화장, 1973년 5월에 5·16 민족상 학예부문 본상, 1977년 12월 대한민국 건국포장을 받고 예술원 종신회원, 광복회 고문, 이충무공 기념사업회 회장 등 국가 사회 단체장을 두루 역임하였다. 정부에서는 그의 공훈을 인정하여 1990년에 대한민국 건국훈장 애국장(1977년 건국포장)을 추서하였다.

20. 눈솔 정인섭 ▪ "노래로 한글을 보급하다"

영문학자이면서 아동문학가로

눈솔, 설송(雪松), 화장산인(花藏山人) 등 여러 가지 호를 가진 정인섭(鄭寅燮, 1905.6.2~1983.9.16) 선생은 경남 울주군 언양면 서 부리에서 아버지 택하와 어머니 오화수 사이에 둘째 아들로 태어났다. 1917년 3월 언양 공립보통학교를 졸업하고 1921년 3 월 대구고보를 졸업하였다. 그해 8월 일본으로 유학을 떠나 동 경 일진 영어학교를 수학하고 1922년 3월 동경에 있는 욱문관 중학 4년을 졸업한 뒤에 동경 와세다고등학원에서 수학하였 다. 1929년 3월 일본 와세다대학 영문과를 수학하였다. 1923년 무렵 소파 방정환 선생과 함께 색동회 동인으로 활동하였다.

1931년에 조선어연구회에 가입하여 '맞춤법 통일안' 제정위 원, 표준어 사정위원, 외래어 표기법 통일안 기초위원을 비롯

눈솔
정 인 섭
<1905~1983>

하여 국정교과서 발음 독본 편찬위원과 한글학회 이사를 지냈다. 특히 '외래어표기법 통일안'의 기초위원으로 한글 규범화에 기여하였다. 1931년 7월 극예술 연구회를 발기하여 실험 무대를 시도했으며, 1932년 4월 조선 민속학회 발기 및 조직에 관여하였다. 1932년 6월에는 조선 영문학회를 1935년 4월에는 조선 음성학회를 조직하고 간사 및 회장을 두루 역임하였다. 1936년 8월에는 덴마크 코펜하겐에서 개최된 제4차 국제언어학자 대회에 참석하여 한글 자모의 우수성을 세계학자들에게 알렸다. 눈솔의 『버릴 수 없는 꽃다발』(이화문화사, 1968)에는 이 당시 세계언어학대회 발표에서 발표했던 추억담이 실려 있다. 이 대회가 끝나자 '결의문'을 채택하였다고 하는데 그 내용의 일부는 "조선에서 조선어란 언어와 문자가 있어 그 언어 연구가 필요하다는 것을 인정하여, 그 언어의 발달 운용을 위하여 조선의 '국제음성표기법'과 '국제음성 기호의 조선어음 대조표'와 '조선어 로마자 표기법'의 제정이 요청되어 조선어학회의 노력과 그 성과에 우리들은 깊은 관심을 갖는 것을 명시하려한다."라고 하여 당시 우리말 로마자 표기법 제정의 상황을 국제적으로 널리 알리는 계기가 되었다. 이와 더불어 1935년 제489회 한글날 기념식에서 발표한 '우리말레코드(보통학교 조선어 독본)'를 가지고 가서 전 세계인들에게 보조 자료로 들려주었다. 우리말과 글을 노래로 학습하는 교육방법이라고 할 수 있다. 1929년 4월부터 연희전문학교에서 교수로 출발하여 중앙대학교 법문학부장, 영국 런던대학 교환교수, 일본 천리대학 교수, 서울대학교 대우 교수, 중앙대학교 대학원장, 외국어대학 대학원장 및 언어학연구소장 등을 지냈다.

그의 문학 활동은 1923년 '색동회'의 발기인(마해송, 윤극영, 방정환, 조좌호 등)이 되어 동인지 『어린이』에 동시, 동극, 동화 등을 발표함으로써 시작된다. 1926년 와세다대학 재학 중 동경 유학생인 김진섭, 김온, 이하윤, 손우성 등과 '해외문학연구회'를 조직하였으며, 이듬해 1월에 창간된 동인지 『해외문학』에 화장산인이라는 필명으로 「포오론(에드거 알란 포우)」을 발표하였다. 같은 해 조선의 전래동화, 전설 등을 수록한 『온돌야화』(日本書院)를 일문으로 간행하였다.

박용규는 『조선어학회 항일투쟁사』에서 "그는 1939년 10월 친일 단체인 조선문인보국회의 간사를 맡는 것을 시작으로 하여 1942년 12월 그가 조선어학회 사건으로 일제 경찰에 검거되기 전까지, 여러 친일 단체에서 친일을 활발히 하였고, 다수의 친일 글을 남겼다. 이에 대한 내용은 『친일인명사전』(2009)에 자세히 다루어져 있다."고 밝히고 있다(박용규, 『조선어학회 항일투쟁사』, 한글학회, 2013 : 274).

1942년 조선어학회 사건으로 피검되었다. 광복 후 1946~1948년에는 교통부 해사국 고문과 1948~1950년에는 대한 해운 공사 고문을 역임하였다. 1951년부터 3년간 영국 런던대학교 대학원에서 음성학을 연구하고 돌아왔다. 1956년 서울대학교 대우교수 및 펜클럽조선본부 위원장을 역임, 다음해 중앙대학교 대학원장(1957~1968), 서울특별시전국사설학원연합회위원장(1958~1964), 한글기계화연구소 부소장(1962~1972), 1963년 조선셰익스피어협회 이사로 있으면서 영역 「조선의 시선」『A Pageant of Korean Poetry』를 출간하고, 1964년 미국 4개 대학 교환교수와 1966년 국제연극협회조선본부 위원장, 1969년 외국어대학교 언어연구소장을 역임하였고, 다음해 서울에서 개최된 국제펜대회가 설치한 국제펜클럽 아시아문학번역국 초대회장으로 피선되었다.

1927년 조선 전래의 설화와 동화를 일본어로 번역한 『온돌야화』를 단행본으로 펴냈고, 평론으로 에드거 알란 포를 논하며 외국문학 연구의 필요에 급하고 『해외문학』의 창간을 축하한 버나드 쇼의 작품과 사상 등을 발표하였다. 이는 조선 문학을 풍요롭게 하고 올바로 세우기 위해서 해외문학을 받아들여야 한다는 해외문학파의 입장을 대변한 것이었다. 이어 「번역예술의 유기적 직능」(1927)에서 이 같은 입장을 더욱 적극적으로 내세웠는가 하면, 『조선현문단에 소(訴)함』(1931)에서는 조선 문단을 민족문학파, 프롤레타리아(프로) 문학파, 해외문학파로 나누고 민족문학 진영과 프로문학 진영 모두가 반성해야 할 점이 있다고 지적했다. 『영문학의 현 단계와 우리』, 『영문학 연구의 조선적 방법론』 등 영문학에 관한 글을 발표했고, 시 『고국을 떠나는 L군에게』 등과, 소설 『이태리 방문기』 등을 발표했다. 8·15 해방 이후에는 시 이론에 관한 평론에 주력하여 『시의 기교론』, 『현대시와 제유파(諸流派)』, 『조선문학의 전통과 현대성』, 『해학의 사상적 배경과 수사학』 등을 발표했다. 평론집 『조선문단논고』(1959), 『세계문학산고』(1960)는 그의 대표적 저서이며, 그밖에도 평론집 『종합변증법적 세계문학론』(1974), 시집 『산 넘고 물 건너』(1968), 수필집 『버릴 수 없는 꽃다발』(1963), 『비소리 바람소리』(1963) 등이 있다. 1948년 조선시를 영역한 『대한 현대시영역대조집』을 펴냈고, 1963년 영어로 번역한 조선시선 『조선시의 허식(A Pageant of Korean Poetry)』으로 번역문학상을 받았다.

일제 말기에 조선문인협회(조선문인보국회) 등을 주도하면서 일제에 협력하여 창씨 개명(東原寅燮)을 하고 신체제의 국민문학논을 전개함으로써 친일행각을 하였다는 비판을 듣기도 하였다.[1] 그러나 눈솔은 민요를 활용한 한글 교육에 많은 기여를 하였다. 눈솔은 『국어 음성학 연구』(휘문출판사, 1973)에서 우리나라의 전통 재래 동요나 민요, 속가의 운율이 자연 구어의 악센트와 일치하며 가장 자연스러운 리듬을 가진 것으로 파악하고 우리말과 글의 교육에 활용하려는 노력과 실천을 하였다. 1923년 '색동회' 동인으로 활동하면서 아동들의 한글 교육에 유의하여 많은 동요를 작곡 작사하였다.

---

[1] 임종국, 『친일문학론』, 평화출판사, 1966. 『친일인명사전』 3, 민족문제연구소, 478~482쪽, 2009.

노래를 통한 유희로서의 우리말과 글쓰기 교육에 눈을 뜬 것은 당시 일제가 창가로 일본어 보급을 기도하였을 뿐만 아니라 일본의 가나(假名)의 문자보급을 위해 아이우에노래(古關裕而 곡)를 만들었던 방식을 채택했을 가능성이 크다. 임경화(2012 : 152~153)는 이를 이제의 '국어'와 '국가'를 일치시킨 내셔널리즘에 기초한 국가적 전략으로 파악하고 있다. 곧 "'국어(일어)' 사상의 창설자 우에다 가즈토시(上田万年)가 『신체시가집』(대일본 도서, 1895) 등에 신체시를 써서 국민적 시가 창출을 지향한다든지, 문부성에서 1911년부터 14년에 걸쳐 편찬한 『심상소학창가』의 가사 교열을 담당한다든지 하는 것이나 창가 교육의 선구자 이자와가 슈지(伊澤修二)가 1895년에 타이완총독부의 민생국 학무부장으로 부임하면서 타이완에 '국어(일어)'교육을 개시한 것은 당시 '국어'와 창가가 밀접한 관계를 맺고 있음을 단적으로 상징한다."[2] 라고 설명하고 있다.

아무리 국가와 사회 공동체 발전에 기여했더라도 잠시 잃어버린 삶의 일관성의 불일치는 영원한 오점으로 남을 수 있다는 교훈을 남겨준 분이었다.

1972년 대한민국 국민훈장 모란장을 수여하였다.

---

[2] 임경화, 「노래로 익히는 '국어'」, 『식민지 시기 전후의 언어문제』, 소명출판사, 152~153쪽, 2012.

제3장 탈식민의 저항과 지원

21. 민세 안재홍 · "고난의 민족 독립운동의 길을 걷다"

아홉 차례 7년 3개월 간의 옥고

민세(民世) 안재홍(安在鴻, 1891.12.30~1965.3.1) 선생은 경기도 진위군(평택) 고덕면 두릉리에서 아버지 윤섭과 어머니 남양 홍씨 사이에 8남매 중 둘째 아들로 태어났다. 1905년 화성의 경주이씨 정순 여사와 결혼하였다.

1907년 상경하여 평택에 있는 진흥의숙에 입학하였다가 황성기독교청년회 중학부에 들어갔다. 이때 이상재, 남궁억, 윤치호 선생과 교분을 가졌으며, 중국의 양계초 등의 저술에 깊은 영향을 받았다. 스무 살 되던 해인 1910년 일본 동경으로 건너가 조선인기독교청년회(YMCA)에 관여하며, 조선인유학생학우회를 조직하여 활동하다가 1911~1914년 와세다대학 정경학부를 졸업하였다. 조선어학회 사건 예심 판결문에 따르면 1912

민세
안 재홍
<1891~1965>

년 일본 동경에 거주하던 조선인 유학생을 중심으로 조선유학생 학우회를 조직하여 민족의식을 고취하는 데 힘썼다. 1913년 1월 일본 조도전 대학에 재학 중 중국 상해로 건너가 독립단체인 동제사에 가입하였다. 특히 중국의 해방 혁명이 일어난 뒤 상해, 북경, 심양 등지를 주류하다가 상해의 동제사를 주도하던 신규식 선생을 만나 국내 조국 광복 운동에 동참할 뜻을 굳히게 되었다.

1915년 귀국하여 중앙학교에서 학감으로 재직 중 일경으로부터 반일 불온자라는 압력을 받고 학교에서 물러나와 1917년경 조선인기독교청년회 교육 담당 간사로 일하기도 하였다.

조선어학회 사건 예심 판결문에 따르면 1919년 4월 대한민국임시정부의 지령에 따라 서울에서 청년들을 규합하여 청년외교단을 조직하고 총무를 담당하여 활동하다가 체포되어 1920년 9월 27일 대구복심법원에서 징역 3년형을 언도받고 옥고를 치렀다. 1924년 조선총독부에서 친일파 집단을 비호하면서 언론과 집회에 대한 탄압을 강화하자 민세는 이를 탄핵하기 위해 민간 단체를 구성하는 실행위원으로 활동하던 중 최남선이 간행하는 시대일보 논설반에 참여하면서 언론계에 첫발을 딛게 된다. 그러나 시대일보는 내부의 경영 분규가 일어나자 신문사를 그만두었다.

1924년 9월 이상재 선생이 사장으로 있던 조선일보 주필을 거쳐 부사장(1929~1931)과 사장(1931~1932)을 역임하여 10년 동안 언론인 생활을 하였다. 이 기간 동안 활발한 논설활동으로 조선민의 광복 의식을 고취하는 데 노력하였으며 특히 장지영 선생(당시 문화부장, 지방부장)과 함께 한글보급운동에 힘을 불어넣었다. 민세의 뛰어난 논설이 일본을 놀라게 하고 조선민들에게는 힘을 불어넣는 기폭제가 되자, 여러 차례 논설이 삭제와 압류를 당하는 어려움을 겪었다.

1925년에는 조선기자대회 부의장을 역임하고, 조선사정연구회, 태평양문제연구회에 참여하여 민족주의 결사를 이끌었다. 이 기간 조선 내에서는 순수 민족 운동세력과 계급운동을 통한 민족 운동의 양대 세력이 점차 대립, 격화되는 조짐을 보이자 민세는 외세의 압제에서 벗어나기 위해서는 국민적, 민족적 단결된 투쟁이 필요함을 역설하면서 대동단결을 호소하였다. 스스로 좌익계라고 말한 것은 친일계를 우익으로 본 관점에서 나온 것으로 그는 반일제의 구국 독립파로 단정할 수 있다.

1927년 신간회 총무간사로 활약하면서 조선일보와 함께 악법 철폐운동에 이어 재만주지역 동포 보호를 위한 재만동포옹호위원회 위원장에 선출되었다. 이러한 상황에서 조선일보의 이관구 선생의 사설을 문제 삼아 당시 발행인 겸 주필인 민세에게 그 책임을 물어, 그는 4개월 금고형을 받게 된다. 보석으로 나온 지 얼마 되지 않은 1927년 5월에 사설 "제남사건의 벽상관"(이제가 산동지역으로 출병하여 장개석 부대와 제남에서 무력충돌 사건을 비난한 내용)이라는 사설을 빌미로 8개월 간의 옥형을 살게 되었으며, 이를 문제 삼아 조신일보가 무기정간 처분을 받았으나 그해 9월에 정간 해제가 되었다.

조선어학회 사건 예심 판결문에 따르면 1928년 12월 전남 광주에서 학생운동이 봉기되자 당시의 정치단체인 신간회와 협동하여 조선일보 부사장직에 있으면서 조선민중대회를 열고 일제의 민족차별적인 처우를 규탄하다가 체포되어 1930년 1월 1일 기소유예되었다.

1929년에는 조선인 계몽운동의 차원에서 생활개선운동, 귀향학생을 통한 한글문자보급운동을 대대적으로 벌이면서 민족계몽운동의 도화선을 당긴다. 당시 장지영(문화부장, 지방부장)과 함께 전개한 문자 보급운동의 성과는 문맹률을 90%에서 65% 대로 낮추는 역할을 담당하였다.

당시 신간회가 전국 지부 100개를 결성하였으나 계급투쟁을 주장하는 진영이 조직을 장악함으로써 독립노선에 혼란이 빚어진다. 이를 극복하기 위한 방편으로 비타협적인 민력 양성운동의 민중운동을 본격적으로 전개하게 된다.

광주학생사건 진상보고를 위한 민중대회를 개최하려던 신간회의 계획이 일경에 누출되어 또 다시 대대적인 관련자 검거에 들어가는 소위 신간회 사건에 연루되었으나 민세는 직접 주동자가 아니어서 기소유예로 석방되었다.

　　1931년 당시 일제의 탄압으로 조선일보사는 엄청난 경영난에 봉착하자 선생은 주머니에 미숫가루를 가지고 다니면서 점심 공복을 때우면서 물려받은 24마지기 전답을 조선일보사에 헌납하는 등 눈물 나는 시절을 겪게 되었다. 마침 신간회도 일제의 탄압에 이기지 못하고 힘을 잃어가고 있다가 결국 코민테른의 혁명주의 노선에 반대하는 여론에 떠밀려 자진 해체 선언을 하게 된다. 이에 민세는 민족단체통제협의회를 조직하여 내부적 분열을 통제하면서 일치 단결된 조국 광복의 노선을 추진하려고 했으나 그 뜻을 이루지 못하였다.

　　1931년 9월 만주사변이 일어나자 그 이듬해 민세는 윤치호 선생과 만주동포조난문제협의회의를 구성하여 그 조사역과 선전부 책임을 맡기도 하였다. 만주사변 당시 피해자 구호를 위해 모금한 공금이 유용되었다는 빌미로 민세를 비롯하여 조선일보 간부들이 1932년 4월 구속 송치되자 조선일보 사장직에서 물러난다. 그해 12월에 출감한 뒤 서울 평동 자택에서 다산의 문집인 『여유당전서』 간행에 몰두한다. 이를 계기로 조선실학 연구에 몰두하게 된다. 조선일보 객원 논설위원으로 활동하던 1936년 또다시 임시정부와의 긴밀한 활동이 탄로나 소위 군관학교학생사건으로 2년간 6차 복역하였으며, 이 기간 『조선상고사』와 조선철학에 대해 깊이 있는 연구를 계속하였다.

1939년 2차 세계대전이 발발하자 일본은 창씨개명을 강제하고, 조선어말살을 기도하면서 전시에 조선인들을 대량 징용하고 전수물자 공출을 독려하는 광포의 시기로 접어들게 된다. 『조선일보』와 『동아일보』의 폐간으로 집에서 조선철학 저술을 계속하던 1942년에는 조선어학회사건으로 다시 2년간의 9차의 옥고를 치르게 된다. 함남 홍원경찰서에 구속되었으나 이 사건의 중심인물이 아닌 관계로 그 이듬해 3월 석방되었다.

1931년과 1932년에 걸쳐 조선일보에서 농촌 계몽운동, 민족갱생의 운동의 일환으로 전국적으로 한글보급의 바람을 일으킨 주역이었다. 눈에 보이지 않는 민족 구국의 역할을 한 것이다. 조선어학회 수난이 시작되자 1942년 12월 23일 제3차로 이인, 안재홍, 김양수, 장현식, 서승효, 정인섭, 윤변호, 이은상 8

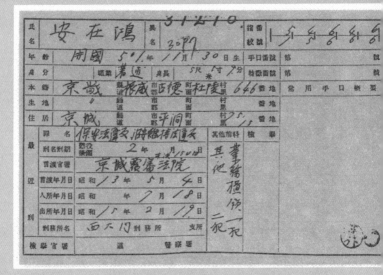

氏名	安在鴻	異名	3097		指番					
年齡	開國 501年 11月 30日生			手口番號	第 號					
身分	職業 著述	身長 5尺 7分		特徵番號	第 號					
本籍	京畿 楊州 瓦阜 杜陵村 646番地			常用手口檢索						
生地	〃									
住居	京城 平洞 75番地									
最近刑	罪名 保安法違反及治安維持法違反		其他前科	檢舉						
	刑名刑期 懲役 2年 未決150日		其他 著書 押領 二束							
	言渡官署 京城覆審法院									
	言渡年月日 昭和 13年 5月 4日									
	入所年月日 昭和 年 7月 18日									
	出所年月日 昭和 15年 2月 19日									
	刑務所名 西大門刑務所 支所									
檢舉官署	道 警察署									

성은 함흥 경찰서로 연행 구금되어 기소되었는데 1943년 9월 7
일 일인 검사 아오야기(靑柳五郞)가 함경도 홍원 경찰서로 급파
되어 이들을 신문한 결과 안재홍 1명은 불기소 처분을 받도
풀려나게 된다.

조선어학회 사건 예심 판결문에 따르면 1937년 5월 남경군
관학교 학생모집 운동으로 체포되어 경성지방법원에 회부되고
1938년 5월 4일 경성복심법원에서 소위 치안유지법으로 징역
2년형을 언도받고 옥고를 치렀다. 다시 1939년 3월에는 흥업
구락부 조직에 참여하여 활동하였다. 1942년 12월 조선어학회
에서 착수한 조선어사전편찬사업에 연관되어 함경남도 홍원
경찰서에 수감되어 옥고를 치르던 중 광복을 맞이하였다.

일본제국이 무너지고 그토록 열망하던 민족 광복이 찾아오
자 민세는 조선건국준비위원회의 부위원장이 되었으나, 이 위
원회가 공산주의자들에게 좌우되자 그해 9월 독자적으로 국민
당을 결성하여 당수가 되었다. 그 뒤 조선독립당 중앙위원, 신
탁통치반대 국민총동원위원회 부위원장으로 활동하면서 남과
북 통합정부를 세우기 위한 노력을 기울였으나 역부족이었다.

1946년 한성일보사를 창립하여 사장을 맡았으며 비상국민
회의 의원과 민주의원 의원, 좌우합작위원회 의원으로도 활약
하였다. 1947년 입법의원 의원이 되고, 미군정청 민정장관이
되어 한인 중심의 행정기반을 굳혔다. 정부수립 후 평택군에
서 무소속으로 제2대 국회의원에 당선되었으나, 1950년 9월 21

일 납북되어 1965년 3월 1일 돌아가신 것으로 전해진다.

시대일보를 시작으로 언론에 몸담았던 그는 해박한 지식과 사려 깊은 안목, 날카로운 필치로 1920~1930년대에 대중을 깨우치는 독립정신을 고취시켰으며, 8·15해방 후에는 민주 독립 국가를 구현하고자 언론과 정계를 뛰어다닌 대표적인 대논객으로 평가받고 있다. 언론이면서 뛰어난 학자로서 쓴 저서로는 『조선상고사감』, 『신민족주의와 신민주주의』, 『한민족의 기본노선』 등이 있다.

식민 공간에서 민족주의 계열의 저항 운동에 민세 선생이 관련되거나 연루되지 않은 사건이 없을 정도였다. 아홉 차례 7년 3개월간의 긴 옥고를 견뎌낸 독립운동의 이론가로서 또 실천가로 살아오신 분이다. 특히 언론계에 종사하면서 민세체라고 해도 좋을 웅혼한 필치로 민족 독립을 독려하며 민족의 혼과 얼을 지켜 내는 데 앞장을 서 왔다. 만주사변 이후 조선일보사에서 강제로 퇴출되고 형옥 생활을 하는 와중에 우리 상고사와 조선 철학사의 근간을 구축할 만큼 학문적 탐구열도 남다른 일면을 보여 주었다. 고대사학자로서 조선시대 실학사상의 연원과 뿌리를 체계화한 큰 학자이기도 하였다.[1]

한국전쟁이 발발하자 회갑을 눈앞에 둔 노 정객은 북한 공산당에게 납치되어 75세의 나이로 그토록 갈망했던 통일 조국

---

[1] 천관우, 「민세 안재홍 연보」, 『민세필담』 지식산업사, 1997 참조.

기 아닌 금단의 북녘 땅에서 세상을 떠났다. 현재 평양시 용성구역 용궁 1동에 애국지사 묘역에 안치되었다. 시대의 소명에 따라 민족 구국의 길을 나선 우뚝한 지성인으로 아홉 차례에 걸친 투옥 생활을 하면서 절개를 곧게 세운 위인이다.

1989년 대한민국 건국훈장 대통령장을 추서하였다.

"푸른 산 그 너머에 또 푸른 산 있어 바라볼수록 아득하되 닭 울고 개 짖는 고장에 흰 옷자락 펄쩍 "그 누구요" 하는 우리 말소리 들려오는 내 민족의 공동한 정서와 그 생존의 노력이 그대로 각 사람의 가슴 속 감격을 울려주지 아니할 수 없다. 이것은 서울, 평양, 부산, 광주 또는 함흥, 춘천, 혜산진, 신의주 하는 수도, 항도, 목재도시, 공업도시 등의 현대문명 집적의 책원지가 국제문화 교향의 살아있는 무대로서 빛나야 할 것과 마찬가지로 하고 많은 농촌과 장터와 기타 조고만 전원도시가 모두 농민문화 또는 농촌문명의 근거지 되고 배양소 되도록 기획, 설시, 계발, 선양시켜야 할 일이다."

안재홍 선생의 「농촌문화앙양론」에서

22. 애산 이인 ▪ "말, 글, 얼을 지켜야 한다"

법정에서 저들과 싸우리라

애산(愛山) 이인(李仁, 1896.9.20.~1979.4.5.) 선생의 조부 경주 이씨 관준 씨는 세거지 경북 경주 내남에 살았다. 한말 애국계몽운동단체였던 자강회와 대한협회의 중심인물이었던 아버지 학포 종영 선생이 대구로 이거하여 애산을 낳았다.[1] 애산의 숙부는 우제 이시영 선생이다. 애산은 일찍 대구향교와 동제서당에서 한문 수학한 뒤 대구의 달동 심상소학교를 1기생으로 졸업하고 대구 달동의숙 4년 수료와 경북실업보습학교 2년을 수학하였다.

---

[1] 애산의 생가에 대해 한글학회 김종택 회장이 필자에게 "달성군 동산면 효목동(현 대구시 동구 효목동)" 혹은 "대구 봉산정 37번지", "대구 사일동" 가운데 어디인지를 확인해 달라는 요청을 받았으나 아직 최종적으로 확인하지는 못하였다. 최근 확인된 바로는 태생지는 사일동으로 판명되었으나 지번은 확인되지 않았다.

애산
이인
<1896~1979>

아버지 종영 선생이 보성전문학교를 창설하여 그 경영을 맡으면서 서울로 이거하여 보성전문학교를 다니다가 열일곱 살되던 해인 1912년 45원을 손에 쥐고 신학문을 배우기 위해 관부연락선을 타고 일본 동경으로 떠났다. 동경에서 한화공, 박문서관의 교정원을 하면서 입시 준비 과정인 동화학교에서 6개월 간 수료한 뒤 세이소쿠중학교와 니혼대 전문부 법과 야간부를 다니며 메이지대학 법학부에 2학년에 편입하여 졸업하였다. 대학 시절 「조선총독부의 학정을 세계에 호소한다」(일본대구지)에 게재하면서 민족 자주독립의 꿈을 키워나간다. 다시 대학원 과정인 일본대학 고등전공과에서 2년간 수학한 뒤인 1918년 9월 23세의 젊은 나이로 귀국하여 조선상업은행 종로지점 행원으로 사회에 첫발을 딛는다. 1919년 3·1운동이 일어나자 변호사의 꿈을 안고 재차 일본으로 건너가 "법정에서 저들과 싸우리라"라는 결심을 굳힌다. 1차 변호사 시험에 실패를 하고 1923년 2월 28세의 나이로 일본변호사 자격시험인 고등문과 시험에 당당하게 합격한다.

메이지대학 시절 김성수, 안재홍, 장도수, 유억겸, 김양수, 김도연 등과 유학을 하면서 깊은 우정을 다져나간다. 특히 조선어학회에서 함께 활동한 김양수, 김도연 선생과는 가장 가까웠던 교우였다.

서울에서 변호사업을 개업한 뒤 처음 변론을 맡은 사건이 1923년 5월 의열단사건이었다. 1919년 만주 지린성에서 김원봉, 이성우 투사 등이 모여 항일 단체인 의열단을 조직하여 조선 내 곳곳에서 과격한 폭력을 유발하여 일제를 놀라게 만들었다. 특히 독립운동을 위한 자금 마련을 위해 대구 동화사에서 최윤동(제헌국회의원)이 중심이 되어 대구조선은행 폭파를 기도하다가 사전에 발각되어 기소된 사건에 변론을 맡았다. 당시 몇 안 되는 우리나라 변호사 중 허헌, 김병로 선생과 함께 이 사건을 변론하였는데, 이를 계기로 항일독립투쟁사에 남을 만한 굵직굵직한 사건에는 거의 빠짐없이 관여하게 된다. 특히 대구법원에서 의혈단 사건 관련자에 대한 일제의 혹독한 고문을 비판한 변론에서 급기야 피소인들이 윗옷을 벗어 보이며, 고문으로 인해 피멍으로 얼룩진 알몸을 드러낸 소위 나체 공판으로 일제의 법조인들을 당황하게 만들었다.[2]

1925년 7월 당시 조선, 동아, 중앙 등 민족주의 성향을 띤 언론사들에 연이은 검열과 정간으로 이어지는 압박을 거부한 언론탄압 규탄대회를 주도하던 서정희, 유진태, 김한규 선생이 종로경찰서에서 체포되어 기소되는데, 이 사건의 변론도 애산이 맡았다. 또 1925년에는 고학생의 상조기관인 갈돕회의 총재를 맡고 여자고학생상조회를 만들어 고학생을 돕는 한편, 조선어연구회의 조선어사전편찬회 발기위원이 되어 사전편찬 사업을 적극 지원했다.

---

[2] 한인섭, 「이인 변호사의 항일 변론 투쟁과 수단」, 『겨레의 큰 스승 애산 이인 선생 추모 강연회』, 대구광역시 한글학회 공동주최, 2013. 5. 3.

1926년 6월 10일 순종이 승하하자 창덕궁 일대에 모인 애도 행렬 사이에 중앙, 휘문, 중동, 양정, 배재, 보인 학교 생도 200 여 명의 학생들이 일제 타도의 격문을 뿌리며 만세운동을 벌인 소위 6·10 만세사건의 변론을 맡은 애산은 "주권을 잃은 백성은 옛 주인마저 잃었다. 이 어린 학생들이라도 어찌 한 방울의 눈물과 분노가 없겠는가? 일본은 비분한 눈물마저 처벌할 것인가?"라는 유명한 변론문을 남겼다. 또 만주와 국내에 활동하던 천도교청년회와 형평사 단원들이 항일운동인 소위 고려혁명단 사건이 터지자 신의주 경찰에서 기소한 15명의 변론을 맡았다. "일본은 동양평화를 위한다는 미명 하에 조선을 합병하였으나 조선에 대한 식민정책은 양두구육에…"라는 변론 중에 일본 검사 모토지마(本島)가 변론을 가로막고 지극히 불온한 언동으로 변론인을 법적 조치를 취하고자 하는 곤경에 빠지게 된다. 그러나 이어지는 변론에서 "일본은 동양평화를 위한다는 미명 하에 조선을 합병하였으나 조선에 대한 식민정책은 양두구육에 지나지 않는다는 비판이 있을 수 있다."라고 응수하여 위기를 모면하기도 하였다.

1927년 신간회의 창립과 더불어 중앙위원으로 선출되었으며, 이후 신간회의 해소론이 제기되자 비타협적 민족주의자들만의 민족단체를 조직할 것을 주장했다. 1929년 6월 일제 최대의 항일 사건인 소위 형평사 사건으로 광주경찰서에서는 630명이라는 대량 집단을 검거하여 기소한 사건이 발발했다. 이

사건은 후일 광주학생사건으로 이어졌는데 지주와 농민의 계급타파를 부르짖었던 형평사 단원을 일망타진하는 대형 사건이었다. 애산은 즉시 광주로 달려가 이들의 변론을 자임하였다.

철산혁명당 사건, 근우회 사건, 공명단 우편행랑탈취 사건 등 민족 독립을 위해 싸우던 독립운동가를 위해 전국 곳곳을 누비며, 변론을 하였다. 1930년 수원고등농림학교 학생들의 흥농사 사건을 변호하다 일본의 학정(虐政)을 비난하여 법정불온 변론문제로 6개월 동안 변호사정직처분을 받았다. 수원농고 재학생들이 흥농회를 조직한 것을 반일제 항일 운동으로 몰아붙여 학생들을 구금한 이 사건의 변론 과정에서 탄압적인 인권 문제를 격렬하게 비판한 애산은 결국 변호사 자격 정지처분을 받게 된다. 같은 해 조선물산장려회 회장이 되었다.

1931년에는 조선변호사협회 회장이 되었고, 1935년에는 이우식, 김양수 선생 등과 함께 조선어사전 편찬을 위한 비밀후원회를 조직하여 재정지원을 했다.

물산장려운동 단체의 기관지인 『신흥조선』 사건의 변론, ML당 사건, 상춘단 사건, 1931년 11월 경성제대 반제동맹사건 등 굵직굵직한 항일 저항 사건을 변론을 담당하였다. 그뿐만 아니라 언론탄압반대 연설회 등으로 여러 차례 유치장 신세를 지다가 마침내 1942년 11월 조선어학회 사건에 연루되어 구속되어 이듬해 1월 징역 2년에 집행유예 4년을 선고받고 풀려났다. 그가 맡았던 큰 사건 중에는 의열단사건, 광주학생사건, 안창호사건, 수양동우회사건, 각종 필화 및 설화사건, 수원고농사건, 6 · 10만세사건, 경성제대학생사건, 만보산사건 등이 있다.

1929년 최송설당의 뜻을 받아 김천고보를 비롯하여 대구 원화여고, 경성실천여학교(1924), 대동중상업고등학교(1926)와 국학대학(1948)의 설립에 참여하여 육영교육 사업에도 크게 기여하였다.

1945년 9월 조선민주당이 창당되자 당무부장이 되었다가 10월 미군정 특별범죄심사위원회 수석대법관 겸 심사위원장이 되었다. 1946년 검찰총장이 되어 조선정판사위폐사건 등의 수사를 지휘하는 등 좌익세력의 근절에 노력했다. 1948년 8월 초대 법무부장관이 되었으며, 같은 해 법전편찬위원회 부위원장을 역임했다. 1949년 3월 보궐선거에서 당선되어 제헌국회의원이 되었고, 6월에 법무부장관직을 사임하고 7월에 반민족행위특별조사위원회 위원장이 되었다. 1954년 3대 국회의원으로 당선되었고, 1957년에는 이범석 등과 함께 범야세력 통합운동을 벌였다. 1960년 4 · 19혁명이 일어나자 재야정치인들과 함께 이승만의 하야와 체포된 학생들의 석방을 촉구하는 대정부건의안을 발표했으며, 같은 해 참의원 의원으로 당선되었다. 1963년 민정당 창당에 참여하고 최고위원이 되었으나 범국민단일야당운동 추진에 실패하자 정계에서 은퇴했다. 1972년 민족통일촉진회를 결성했으며 1974년에는 통일원 고문을 역임했다. 유언에 따라 재산은 한글학회에 기증하였고 장례는 사회장으로 치러졌다. 그가 영면한 서울 논현동 자택은 고인의 유지에 따라 1979년 4월 5일 집을 포함한 전 재산을 한글학회에 기증하였다. 애산은 국가와 사회 공동체를 위해 실천한 겨레의 큰 스승이다. 애산의 자서전에 쓴 '말, 글, 얼'의 정신은 1968년 10월 9일 '한글 전용화'를 선언한 박정희 대통령의 담화문에도 실려 있다. 건국대학교와 명지대학교에서 명예법학박사학위를 받았다. 저서로는 『법률과 경제』, 『법률과 여성』, 『애산여적』, 『반세기의 증언』(명지대학교출판부) 등이 있다. 1963년 건국훈장 국민장, 1969년 무궁화 국민훈장이 수여되었다.

2013년 대구 수성관광호텔에서 애산기념사업회가 결성되었다. 조선어학회 33인 사업회 심대평 고문과 한글학회 김종택 회장이 참석하고 전 법원행정처장을 지낸 장윤기 변호사가 이사장을 필자와 대구 변협 석왕기 회장이 상임대표를 맡아 각종 추모 사업을 전개할 예정이다.

23. 남저 이우식 ▪ "인재 육성이 구국의 길"

가슴과 꿈이 큰 실업가

남저(南樗) 이우식(李祐植, 1891.7.22~1966.7.5) 선생은 경상남도 의령 거부 집안 출신으로 젊었을 무렵 상해에 유학하고 그 후 일본 세이소쿠 영어학교에 이인과 함께 다녔으며(한글학회, 2014 : 27) 도요대학(東洋大學) 철학과 제일학년을 중도 퇴학하고 조국으로 돌아와 향리의 사업가로서 다년간 무역회사장, 은행두취 등을 지냈다. 1919년 3·1운동이 일어나자 구여순, 최정학 등 동지들과 모의하여 의령읍 장날을 이용하여 독립만세시위운동을 주동하였다가 상해로 망명하였다. 1920년 귀국하여 안희제, 김효석 선생과 함께 백산상회를 설립하고 비밀리에 임시정부의 독립운동자금을 조달하여 지원하기도 하였다.[1]

---

[1] 박용규, 『조선어학회 항일투쟁사』, 226쪽, 한글학회, 2012.

남저
이 우 식
<1891 ~ 1966>

그뿐 아니라 비록 이 민족이 가난하지만 뛰어난 인재를 기르는 일이 무엇보다 중요한 일이라 판단하고 동향인 이극로 선생의 해외 유학비를 지원하기도 하였다.[2] 그 뒤 국내 활동비와 이극로 선생이 주도한 조선어학회, 조선어사전 편찬 사업에도 적극적인 지원을 아끼지 않았다.

안희제 선생과 함께 백산상회 경영 영역을 부산에서 대구로 확장시키면서 당시 상무역을 맡았던 경북 고령 출신의 남형우 선생을 통해 대구지역의 이상화 시인의 백부인 이일우, 서상일, 이인 선생의 숙부인 이시영 선생과 연계하여 영남 지역의 독립운동의 맥을 형성하였다.

1926년 서울에서 시대일보사, 1927년 중외일보사를 설립하여 식민의 지배에 항거하는 민족의식 고취에 노력하였다. 고향의 후배인 이극로 선생이 독일 유학을 마치고 고국으로 돌아와 나라의 얼을 지키기 위해서는 우리말과 글을 지키는 사업인 조선어사전 편찬사업을 주도하자, 이 일에 남저가 앞장서서 지원하게 된다.[3] 이미 이극로 선생의 재독 유학 시절까지

---

[2] 조선어학회 예심판결문에 "동향의 피고인 이극로가 제1의 (1) 모두 게재 내용과 같이 열렬한 민족주의자로서 그의 생애를 조선 민족을 위하여 장차 또 조선독립운동을 위하여 바치려는 열의가 있음을 알자 이에 다년간 학자금 및 생활비를 제공하여, 상해, 독일에 유학시켜서 동 피고인의 조선 독립을 위하여 하는 활동을 기대하고 있었던 자로서 〈중략〉 독일 재학 중의 학자금 등을 지불, 동 피고인을 위하여 지출한 금액은 총액 8천 8백 90원에 이르는데"라고 기술하고 있다.

[3] 조선어학회 예심판결문에 "1936년 4월경부터 1942년 8월경까지 이르러 경성부 창신정의 당시의 거택, 기타에서 '조선어학회'가 조선 독립을 목적으로 하는 결사인 사정을 알면서 동결사의 사업인 조선어사전편자의 자금으로 1만 6천백 40원 기관지 발행의 자금으로 천 50원을 '조선

간간이 재정적 지원을 아끼지 않았던 것은 남저가 품었던 원대한 꿈과 희망 때문이었을 것이다. 곧 나라를 되살리는 길은 인재를 육성하고 키우는 일임을 그는 잘 알고 있었다. 1929년 10월 31일 서울 수표동 '조선교육협회' 회관에서 발족한 조선어 사전편찬회 발기인 108명 가운데 한 사람으로 참여하였다. "인류의 행복은 문화 향상에 따라 증진하여 문화와 언어는 밀접한 관계를 이루고 있으므로 언어 및 문자의 정리와 통일이 합리적으로 되지 못하면 시간과 노력의 손실이 막대하니 이를 제거하기 위해 통일된 사전이 있어야 한다."라는 발기 취지문에 적극 찬동하고, 준비위원 32인 가운데 한 사람으로 참여하게 된다. 사람의 인연이란 참으로 묘한 것이다. 경남 의령이라는 시골의 인재들을 이 나라를 이끈 동량지재로 키워낸 힘은 바로 남저와 안희제 선생과 같은 실업가의 후원에서 비롯된 것이다.

1929년 10월 조선어연구회의 조선어사전편찬회에 가입하여 본격적으로 재정을 지원하였다. 조선어학회 기관지인 『한글』의 편집비를 지원하였으며, 1935년부터는 이인, 김양수, 장현식 선생과 함께 조선어사전편찬의 촉진을 위한 비밀후원회를 조직하여 거액의 재정지원을 하였다.[4] 1930년에는 경남은행장,

---

어학회'에 제공함로써 동 결사인 목적 수행을 위한 행위를 하고,"라 하여 조선어학회를 위해 상당한 후원을 하였다.

[4] 한글학회(2014 : 27)에 따르면 이우식은 조선어학회 사전편찬 자금으로 1936년에서 1942년까지 16,140원과 『한글』 잡지 발행비 1,050원을 지원하였다.

원동 무역회사 사장을 역임하기도 하였다. 1942년 1월 이극로 이윤재 선생과 인재양성을 목적으로 조선 양사원을 조직하려다 2차 세계 대전의 발발로 실패하고 1942년 10월 조선어학회 사건으로 구속되어 함경남도 홍원경찰서와 함흥경찰서에서 잔혹한 고문을 받았다.[5] 1945년 1월 징역 2년에 집행유예 4년의 선고를 받아 석방되었다. 2년 2개월의 옥고를 치르고 고향으로 돌아온 후 영우회를 조직하여 향토문화발전에도 노력했다 광복 후 조선어학회의 재정이사로 선임되었다.

민족 공동체를 위해 헌신했던 남저 이우식 선생의 나라와 민족을 지극히 사랑했던 정신은 소인이 찍힌 우표같이 유한한 것이 아니라 끝없이 되살아날 공동체 정신임을 잊어서는 안 될 것이다.

1963년에 한글공로상을 받았고 1977년에 건국훈장 국민장이 추서되었다.

---

[5] 이영모, 「나의 할아버지 남저 이우식」, 『얼음장 밑에서도 물은 흘러』, 114~120쪽, 한글학회, 1997.

24. 상산 김도연 ▪ "정치인으로서 민족독립 운동"

조선어사전편찬의 후원자

상산 김도연(金度演, 1894.6.16~1967.7.19) 선생은 경기도 김포군 양동면 염창리에서 아버지 영천 김씨 종원 공과 어머니 초계 정씨 사이에 차남으로 태어났다. 1913년 일본 긴죠중학(金星中學)을 마치고 1919년 게이오대학 이재학부에서 중도 퇴학하였다. 게이오대학 재학 시절에는 송개백 선생 등과 조선청년독립단을 조직하여 동년 2월 8일 민족 자결주의에 의한 민족해방과 자주 독립 쟁취를 위한 궐기를 주도하다가 일본 동경 경찰서에 2년간의 옥고를 치르면서 민족 해방운동에 눈을 뜨게 된다.[1] 1919년 2월 8일 재일본 동경 조선청년독립단 대표로서 최팔용, 이광수, 송계백, 김철수, 최근우, 백관수, 김상덕, 서춘

---

[1] 김병국, 「나의 아버지 상산 김도연」, 『얼음장 밑에서도 물은 흘러』, 154~159쪽, 한글학회, 1997.

상산

김 도 연

〈1894～1967〉

등과 함께 2·8독립선언서를 낭송한 뒤 곧바로 일경에 체포되었다. 그해 6월 26일 동경지방재판소에서 출판법 위반으로 9개월간 금고형을 받고 동경형무소에서 옥고를 치르다가 1920년 4월에 석방되었다.[2]

1919년 2월 동경에서 이광수, 최팔용 외 수명과 같이 조선독립선언서를 출판 반포한 까닭으로 동년 6월 26일 동경지방법원에서 출판법 위반에 의하여 금고 9월의 벌을 받아 그즈음 상기의 집행을 마치고 출소하였다.

1922년 미국으로 건너가 오하이오주 월선전문학교, 1927년 컬럼비아대학에서 경제학을 전공하였으며, 1931년 아메리칸대학 대학원에서 경제학박사 학위를 받았다. 그 후 귀국하여 잠시동안 연희전문학교에서 경제학을 강의하였다.

1927년 8월 뉴욕 재유의 조선인 및 실업가를 규합하여 재미한인산업협회라고 칭하는 단체를 결성하고 산업 지식의 연구 발전에 의한 조선 독립의 경제적 실력 양성을 도모하는 등 각종으로 조선 독립을 위한 활동을 하였다. 1928년 김양수와 <삼일신보>를 발행하고 대한민국 임시정부의 지원과 각파 민족단체의 대동단결을 도모하였다.

1928년 이극로 선생의 미국 방문을 계기로 조선어학회의 지원과 조선어사전 편찬 사업에 참여하여 적극적인 지원을 하게

---

[2] 이상 상산 김도연 선생의 생몰년월일 및 생지 내용은 한글학회, 『얼음장 밑에서도 물은 흘러』(1993), 국가보훈처, 「국가유공자 공훈록」, 박용규, 『조선어학회 항일투쟁사』(2012)를 참조하였다.

된다.

　1932년 7월에 귀국하여 연희전문학교 강사를 지내다가 1934년 조선흥업주식회사를 창립하여 사장에 취임하면서 민족 자본의 축적을 위해 노력한다. 이 과정에서 상산 선생은 조선어어학회에서 추진하는 조선어사전 편찬을 위한 후원회에 참여하여 지원을 아끼지 않았다. 김양수 선생의 권유에 따라 1936년 4월경부터 1940년 1월경까지의 사이 조선흥업주식회사 내에서 동 결사의 사업인 조선어사전편찬의 자금으로서 7백 원을 조선어학회에 제공하였다(박용규, 2012 : 238~239). 이와 관련하여 1942년 조선어학회 사건에 연루되어 12월 28일 함경도 홍원경찰서 형사에게 체포되어 종로경찰서에 유치되었다가 1943년 1월 1일 홍원경찰서로 이감되어 조사를 받았다. 이후 함흥형무소에서 징역 2년 집행유예 3년을 선고 받고 2년간 옥고를 치렀다(한글학회, 2014 : 34).

　특히 동경유학시절 2·8독립 선언의 주모자로서 조선어학회에 가입한 반국가 범죄인으로 스스로 자결하라는 강요와 온갖 고문과 폭력의 고초를 겪어야 했다. 당시 보성고보를 다니던 상산의 아들인 김병국 선생은 이렇게 회상하고 있다. "홍원경찰서로부터 옷과 쌀을 가져오라는 연락을 받고 불길한 예감이 들어 밤차를 타고 홍원으로 달려갔다. 가는 도중 기차 간에서 경찰의 불신신문을 받으면서 봉변을 당하기도 하였다. 어디서 무엇 때문에 가냐고 묻기에 홍원경찰서에 아버님이 수감되어 면회를 간다고 하였다." 그 길로 상산의 아들 김병국 선생은 강제 학병으로 잡혀 가게 되었다. 광복 후 상산은 조선민주당의 8인 총무의 한 사람으로 정계에 투신하였다. 1946년 2월 미군정 하에서 남조선민주의원 의원에 위촉되고, 다시 그해 12월에는 남조선 과도정부 입법 의원에 당선되어 조선민주당의 핵심 인물의 한 사람으로 활약하였다. 1948년 제헌국회에 한민당 소속으로 출마하여 당선, 국회의 초대 재정경제분과 위원장에 선출되었으며, 이어서 8월 정부 수립과 함께 초대재무부 장관으로 1950년까지 재직하였다. 1954년에는 민주국민당 최고위원에 취임하였으며, 3대 민의원 의원에 당선되었으며, 1959년에는 민주당 중앙위원회 부의장을 역임하였다. 1960년 5대 민의원에 당선된 뒤 민의원 부의장을, 1963년 11월 6대 국회의원 선거 때에는 범국민정당을 표방한 자유민주당의 전국구후보 1번으로 당선되었으나, 1965년 8월 한일조약비준에 반대하며, 의원직을 사퇴하였다. 같은 해 윤보선 선생이 민중당을 이탈하자, 선생은 신한당 창당에 참여하여 신한당 정무위원이 되었다. 저서로 자서전인 『나의 인생백서』와 『조선농촌경제』 등이 있다. 1967년 7월 19일 서울 자택에서 세상을 떠났다. 1991년 정부에서는 건국훈장 애족장을 추서하였다.[3]

---

[3] 김도연, 『나의 인생 백서』, 상산회고록출판동지회, 1965.
　김병국, 「나의 아버지 상산 김도연」, 『얼음장 밑에서도 물은 흘러』, 한글학회, 1997.
　한글학회, 『조선어학회 선열들의 발자취』, 34~35쪽, 2014.

25. 해관 신현모 ▪ "조선어학회 후원자"

조선어사전 편찬의 든든한 후원자

해관(海觀) 신현모(申鉉謨, 1894.1.8~1975.1.29, 일명 신윤국) 선생은 황해도 연백군 봉북면 소성리 118번지에서 아버지 신종균과 어머니 김혜자 사이에서 태어났다.

신현모 선생에 대한 해적이는 국가공훈 기록에 다음과 같이 밝히고 있다. "1917년에 미국으로 건너가 대한인국민회와 흥사단 및 청년혈성단에 가입하여 활동하였다. 1932년에 귀국하여 「국사강의록」을 발간하고, 물산장려회에 참가하여 활동했으며, 조선어학회에 가입하여 『조선어사전』 편찬의 재정위원으로 활동하였다. 1937년 6월에 수양동우회사건으로 피체되어 일제의 잔혹한 고문을 받고 1941년 11월 17일 고등법원에서 무죄로 석방되었으나 실질적으로 3년여의 옥고를 겪었다. 1942년 10월에 일제가 조선민족 말살정책의 일환으로 조선어 말살정

책을 대폭 강화하고 한글 연구자들을 투옥하기 위하여 만들어 낸 조선어학회사건으로 다시 구속되어 함경남도 홍원경찰서와 함흥경찰서에서 잔혹한 고문과 악형을 받고 1943년 9월 18일 기소유예로 출옥하는 등 옥고를 겪었다. 정부에서는 그의 공훈을 기리어 1990년에 건국훈장 애족장(1968년 대통령표창)을 추서하였다."[1]

선생 역시 1942년 10월에 일제가 한민족 말살 정책의 일환으로 조선어 말살 정책을 대폭 강화하고 한글 연구자들을 투옥하기 위하여 조작한 조선어학회사건으로 다시 구속되어 함경남도 홍원경찰서와 함흥경찰서에서 3개월 동안 잔혹한 고문과 악형을 받고 1943년 9월 18일 기소유예로 출옥하는 등 옥고를 겪었다.

광복 후 대한민국 임시정부 국회의원에 당선되어 특별재정위원을 역임하였으며, 제헌국회의원 자(字)가 '윤국'이므로 일부 문헌은 '신윤국'으로 기재하였다.

조선어학회 일에 몰두했던 시점을 스스로 청상, 즉 맑고 시원을 살아왔던 때라고 회상한 글도 있다. 1935년 이래 조선어학회를 지원하고 도우려 했다. 이우식, 장현식, 김양수 등과 함께 사전 편찬을 위해 재정지원에 참가하고[2] 1937년부터는 조

---

[1] 〈국가보훈처 국가유공자 공훈록〉과 한글학회(2014 : 68) 참조.

[2] 한글학회(2014 : 69)에 따르면 1939년 170원, 1938년 160원을 조선어사전 편찬 기금으로 후원하였다.

선어사정위원회에 서울 출신 15명, 지방출신 15명 등 30명의 일원이 되어 3년간 동회의에 출석해 우리말의 표준어 사정에 참여하였다. 결국, 조선어사전은 해관 등의 지원에 힘입어 빛을 볼 수 있었다. 해관은 이윤재, 김윤경, 이극로, 최현배, 이희승, 한징, 정인승, 장지영, 이중화 등을 "참으로 보배로운 학자들"이라고 추어올리며 "이 청빈한 가운데 민족의 생명인 우리말을 가꾸고 지키는 데 온 정성을 다하는 모습은 진실로 아름다운 광경이었고 내가 작은 힘이나마 힘을 보태며, 그들과 함께 지내는 시간은 자신의 삶에 있어 진정한 보람이었다."고 술회한 바가 있다.

신현모 선생이 만난 김영한(진향)이라는 기생과 얽힌 사연이 있다. 서울 성북동 삼각산 남쪽 자락에 길상사가 자리 잡고 있다. 제3공화국 시절에 고급요정 '대원각'을 운영했던 김영한이 대원각을 송광사에 시주하여 탄생한 절이다. 이곳을 찾는 사람들은 과거 요정을 떠올리곤 하지만, 사실 그보다도 더 강렬했던 러브스토리를 품고 있는 것이다. 김영한은 양갓집 규수로 태어났다. 그러나 가세가 기울자 16살 때 조선권번(기생학교)에서 궁중아악과 가무를 가르치던 하규일의 문하에 들어가 진향이라는 이름을 단 기생이 됐다. 뛰어난 미모와 그림, 글솜씨 무엇 하나 빠지는 게 없었다는 그녀는 스승 신윤국 선생의 도움으로 도쿄 유학까지 떠나게 되지만 신윤국 선생이 조선어학회 사건으로 함흥 감옥에 투옥되었다는 소식을 듣고 귀국하여,

함흥 감옥으로 찾아갔으나 신윤국 선생은 만날 수 없었다. 그 런데 그곳에서 함흥 영생여자고등보통학교 영어 교사인 백석과 운명적으로 만나 사랑에 빠지고 만다. 백석의 시 <나와 나타샤와 흰 당나귀>에서 "가난한 내가/ 아름다운 나타샤를 사랑해서/ 오늘 밤은 푹푹 눈이 나린다// 나타샤를 사랑하고/ 눈은 푹푹 날리고/ 나는 혼자 쓸쓸히 앉아 소주를 마신다/ 소주를 마시며 생각한다/(중략)… 눈은 푹푹 나리고/ 아름다운 나타샤는 나를 사랑하고/ 어데서 흰 당나귀도/ 오늘밤이 좋아서 응앙응앙 울을 것이다(백석(白石), '나와 나타샤와 흰 당나귀')"라는 시가 탄생된다. 백석이 1936년 조선일보사를 그만두고 만주 신징(新京)에 잠시 머물다 함흥 영생여고 영어교사로 일하게 되었는데, 교사들 회식 장소에서 기생 진향을 우연히 만나게 된다. 그는 진향이 사들고 온 『당시선집』을 뒤적이다가 이백의 시 자야오가(子夜吳歌)를 발견하고는 그녀에게 '자야(子夜)'라는 아호를 지어주었다. 그는 자야를 따라 함흥에서 서울로 올라와 청진동에서 살림집을 차렸다.

두 사람의 사랑은 뜨거웠지만 시대 환경은 어렵고 차가웠다. 고향의 부모는 기생과 동거하는 아들을 못 마땅히 여겨 그를 자야에게서 떼어놓을 심사로 다른 여자와 결혼을 시켰다. 결국 만주를 떠돌다 북한으로 간 백석은 1960년대 초반까지 시, 아동문학, 각종 평론을 발표하였으나 김일성에 의해 숙청되었다. 백석이 만주로 떠나고 한국 전쟁이 종전이 된 1953년,

김영한은 중앙대 영문과를 졸업했다. 이어서 『백석, 내 가슴속에 지워지지 않는 이름』, 『내 사랑 백석』 등의 책을 내 화제를 모으기도 했다.

1990년 대한민국 건국훈장 애족장을 추서받았다.

26. 약영 김양수 ▪ "언론인으로서 국어운동 후원"

언론인으로서 조선어학회 후견

김양수(金良洙, 1896.10.10.~1971.1.19.) 선생은 동학란이 일어난 이듬해인 1896년 10월 10일 전남 순천읍에서 태어났다. 일찍 일본으로 건너가 동경에 있는 순천중학교를 졸업한 뒤 1915년 6월 와세다대학 정경학부를 졸업했다.[1] 1925년 7월 미국 하와이 호놀룰루에서 개최된 범태평양 기독청년대회에 송진우, 유억겸, 김종철, 신흥우 선생과 함께 참석하여 일제 식민통치의 참상을 각국 대표에게 알렸다(박용규, 2013 : 235). 미국 컬럼비아대학에서 신문학을 전공하였는데 대학동문인 김도연, 서민호, 신윤국 선생과 함께 조선어학회에 가입하고 조선어사전 편찬을 위한 후원에도 적극 참여하게 된다. 1928년에는 미국 뉴욕에서 허

---

[1] 김용갑, 「조선어학회와 나의 아버지 약영 김양수」, 『얼음장 밑에서도 물은 흘러』, 204~216쪽, 한글학회, 1997.

강영가
운음으로
우리성전
이 근절을
배우며서
우리경성
을 이룩한
종이인영하
웃님

약영

김양수

<1896 ~1971>

20.08

정 선생이 교포를 위한 『삼일신보』를 창간하자 주필에 임명되어 교민들에게 독립사상을 고취하였다(한글학회, 2014 : 32).

1928년 6월 미국에 들린 이극로 선생을 만난 인연으로 한글 운동에 깊이 관여하게 되어 표준어사정위원으로 활동하였다. 1929년 8월경 독일 프랑크푸르트에서 개최된 제2회 세계피압 박민족대회에 이극로, 김법린 선생과 함께 조선 대표로 참가 하여 조선의 독립을 전 세계인에게 주창하였다. 1929년에는 귀국 도중 영국을 경유하여 중국에 잠시 들려 임시정부 요인 들과 국내 독립운동의 향방을 협의하는 한편, 김두봉(金枓奉) 선 생과 국어국문의 부흥 문제를 협의하고 귀국하였다. 조선어학 회를 이끌고 있던 이극로 선생에게 전달해 달라는 "한갓 조선 어문 연구 또는 사전 편찬은 민족운동으로서 아무런 의미가 없고 연구 결과를 정리하여 통일된 조선 어문을 널리 조선 민 중에 선전 보급함으로써 비로소 조선 고유문화의 유지 발전과 민족 의식의 배양에 기여할 수 있으며, 조선 독립을 위한 실력 양성도 가능한 것이니 이후 이와 같은 방침으로 나가기를 바 람."이라는 내용을 전달하였다(박용규, 2013 : 236). 이 내용을 이 극로 선생이 자신의 수첩에 적어 둔 것이 이후에 일경에 발각 되어 조선어학회 사건 조사 과정에서 드러나게 된다. 귀국 후 인 1929년도에는 김도연 선생과 함께 조선흥업주식회사를 경 영하면서 조선어학회의 기관지인 『한글』의 편집비용을 후원하 고, 조선어사전 편찬위원으로 활동하였다. 1935년에는 조선어학회의 사전편찬사업을 촉진하기 위한 비밀 후원회(장현식, 김도 연, 이인, 서민호, 김종철, 신윤국, 설태희, 윤홍섭 등)를 조직하여 거액의 재정 지원을 하였다.[2]

1942년 10월에는 일제가 조선민족 말살 정책의 일환으로 조선어 말살 정책을 대폭 강화하고 한글 운동자들을 탄압하기 위하여 만들어 낸 조선어학회사건으로 구속되어 함경남도 홍원경찰서와 함흥경찰서에서 일제의 잔혹한 고문과 악형을 받았으며, 1942년 12월 23일 일경에 체포되어 1945년 1월 징역 2년에 3년간 집행유예의 선고를 받았다. 광복 후 국회의원과 원자력연구원장직을 역임한 바도 있다. 정부에서는 그의 공훈을 기리어 1990년에 건국훈장 애국장을 추서하였다.

---

[2] 조선어학회 사건 예심판결문에 "1936년 4월경부터 1944년 1월경까지의 사이에 조선어학회의 사무소에서 조선어학회가 조선의 독립을 목적으로 하는 결사인 사정을 알면서 동 결사의 사업인 전기 조선어사전편찬의 자금으로서 7만 천백 원을 조선어학회에 제공함과 동시에 그간 피고인 장현식, 동 김도연, 동 이인 및 사정을 알지 못하는 서민호, 김○○, 신현모, 설희조, 설원식 및 윤홍섭 등의 지인 동료를 권유해서 합계 7만 천백 원을 전기 조선어학회에 제공하게"라고 기술하고 있다.

27. 범산 김법린 ▪ "종교지도자로서 국어 사랑"

독립운동의 선구 종교지도자

범산 김법린(金法麟 1899.8.23.~1964.3.14.) 선생은 1899년 8월 23일 경북 영천군 신령면 치산리에서 태어났다. 어버지 형상 김정택과 어머니 김악이 사이에서 맏이로 필명은 철아, 호는 범산(梵山), 법윤(法允)이며, 본명은 진린인데 중국 망명 이후 법린으로 사용했다. 선생은 신령공립보통학교를 졸업한 후 1913년 영천 인근에 있는 은해사로 출가하였다. 1914년에 부산 동래 범어사에서 비구계를 받았고 명정학원 보습과 입학한 후 신식 교육을 받았다. 다시 범어사 불교강원을 졸업하였다. 그의 본적은 경상남도 동래군 청룡리 546번지로 이적하였다. 1917년 서울로 올라가 휘문의숙에 입학했다가 곧 불교계통의 중앙학림으로 편입하였다.

범산
김법린
〈1899 ～ 1964〉

    1917년경 이래 학우의 감화 이광수, 최남선 등의 저작, 윌슨
이 제창한 민족자결주의의 영향 등으로 조선의 독립을 열망하
였다.

    1919년의 조선독립 만세소요 때 이에 참가하여 경성부 인사
정 일대에 조선독립선언문을 살포, 첩부하고 그 검거를 모면
하고 상해에 건너가 대한민국 임시정부에 가담하려 했으나 용
납되지 않았다. 1919년 2월 28일 중앙학림에서 강론을 하시던
한용운 선생으로부터 조선의 독립에 대한 강론을 듣고 감화를
받았으며, 다음날 3·1운동이 일어나자 탑골공원에서 독립만
세운동에 참가하였다. 법린은 3·1운동 거사 전날 밤 10시 경
중앙학림의 동료들과 함께 인사동의 범어사 포교당에서 긴급
모임을 갖고 대책을 숙의하고 역할을 분담하였다. 법린은 김
상헌 선생과 함께 범어사 만세운동을 주도하게 된다. 3월 1일
법린은 독립선언서를 서울 시내에 배포하고, 탑골공원에서 거
행된 독립선언서 낭독식에 참가하는 등 서울시내 시위에 동참
하였다. 이후 3월 5일 그는 경부선 열차를 이용하여 부산 범어
사로 내려왔다. 범어사에 도착한 법린은 범어사의 원로 승려
인 오성월, 이담해, 김경산 등을 면담하고 서울의 만세운동의
소식을 전하였다. 그리고 범어사 중견 승려인 유석규, 김상호
와 함께 범어사 강원, 지방학림, 명정학교의 학인들이 중심이
되어 만세 시위를 결행하는 날짜를 3월 18일 동래 장날로 정
하였다. 거사 직전 지방학림과 명정학교의 졸업생을 위한 송

별회가 있었는데 그 모임에서 의거의 목적, 방법 등을 설명하고 적극적인 동참을 확약을 받을 수 있었다. 그리고 시위에 이용할 태극기, 선언서, 격문 등도 준비하였음은 물론이다. 이 같은 거사가 성공한 것은 범어사 학인 32명의 결사대가 조직되어 그 의거의 중심에 있었기에 가능하였다.

그해 4월 중국 상해로 건너가 상해임시정부 수립에 참여한 다음 국내 특파원의 자격으로 범어사, 석왕사 등지에서 기밀부를 설치하고 각종 정보를 수집하는 동시에 해외의 독립운동 소식을 국내에 민활하게 전달한 것이다. 법린은 김상헌, 김대용과 함께 만주(안동현)로 건너가 동광상점이라는 쌀가게를 내고 그곳을 근거지로 하여 상해와 국내 간의 비밀활동으로 혁신공보를 발행하는 일도 담당하였다. 당시 상해에 망명한 불교계 지사들과 임시정부가 추진한 것은 임시정부의 독립운동을 위한 자금모집과 불교계의 여력을 독립운동에 투입시키는 의용승군의 조직이었다. 그 결과 범어사와 통도사의 자금이 임시정부에 제공되었으며, 김포광이 불교계 대표로 상해에 특파되었고 이담해, 오성월, 김경산이 임정 고문으로 추대되기도 하였다. 한편 의용승군 조직은 승려의 비밀결사를 지향한 것이었는데, 그 전제로 승려연합회 선언서와 임시 의용승군헌제가 작성되었다. 이를 위해서 신상완, 김상헌, 법린 등은 국내로 잠입하여 범어사, 석왕사 등지에 거점인 기밀부를 설치하기도 하였다. 그러나 이러한 움직임은 1920년 4월 6일 그 운동의 중심인물인 신상완이 서울에서 체포됨으로써 일단락되었다. 당시 법린은 일제에 의해 수배인물(이종욱, 백성욱, 백초월 등)로 지목되어 일제의 피체 대상이 되자 일제 수사망이 점점 좁혀든다는 것을 알고 귀국하여 학업을 계속하기로 했다.

1920년에는 불교중앙학림을 졸업하였으며, 그해 4월 난징에 있는 금릉대학교(현 난징대학교)에 입학한 선생은 유법장학회의 지원을 받아 이듬해 프랑스로 건너가서 1926년에 파리 소르본대 철학과를 졸업하고 1926년 7월 대학원에 진학하여 은행에 근무하였다. 1927년 2월 5일~14일 벨기에 브뤼셀에 개최된 세계피압박민족대회에 이극로 선생과 함께 '아세아민족회'의 위원으로 참가하여 일제국의 침략정책의 부당성을 폭로함과 동시에 자주독립의 타당성을 의연히 주장하였다. 이때 이극로 선생과 만난 인연으로 후일 조선어학회 회원으로 국어운동에 적극 참여하게 된다. 당시 조선대표로서 법린은 그 대회에 『조선의 문제(The Korean Problem)』라는 유인물을 배포하였다.

1928년 1월에 귀국한 선생은 백성욱, 김상호 등과 함께 불교청년회의 중흥을 도모하였고, 범어사와 각황사 등에서 강연을 하면서 조국광복을 호소하였으며 한편으로는 불교잡지인 『불교』의 학술부를 담당하면서 종교계를 통한 민족정신을 고취시키는 독립운동을 펼쳐나갔다. 1929년 1월에는 조선 불교선교양종승려대회를 개최하였으며, 1929년 9월 벨기에의 브뤼셀에서 개최되었던 반제국주의연맹 제2회 중앙위원회에 조선

대표 최린의 통역으로 출도하는 등 여러 가지 조선 독립을 위한 활동을 한 일이 있고 조선으로 돌아왔다. 1929년 봄에 조선어학회의 조선어사전편찬위원화의 준비위원으로 참여하였다.

법린은 다시 동경에 있는 일본 불교계 대학인 고마자와대학(駒澤大學)에 유학하여 공부하던 중 1930년 5월 한용운 선생의 뜻을 이어 일제에 대항하는 비밀결사조직인 만당(卍黨)의 결성과 함께 일본지부의 결성을 주도하여 1931년에는 동경에서 조선청년동맹을 조직하여 독립운동을 전개하다가 1932년 2월에 귀국하였다. 1933년부터는 다솔사, 해인사, 범어사 등의 사찰을 다니면서 불교의 교학을 강의하는 한편 일본의 불교 정책을 비판하는 등 독립정신의 고취에 힘을 기울였다. 1938년에 만당사건으로 진주에서 검거되어 3개월 간 옥고를 치렀다. 그런데 만당의 조직이 1938년 말 일경에 발각됨으로써 그는 주요 인물로 수배령을 받고 있는 터여서 1938년 경상남도 진주에서 검거 투옥되었다. 출옥 후 얼마 안 있어 1942년 10월 조선어학회사건에 연루되어 경찰에 다시 피체되었다. 이때 일제에 피체된 회원은 그를 비롯하여 32명에 달했는데, 이들은 일제의 취조 과정에서 불로 지지기, 공중에 달고 치기, 비행기 태우기 등 이루 형언할 수 없는 악형의 고문을 2년 넘게 당하다가 1945년 1월 16일 함흥지방법원에서 징역 2년에 집행유예 4년을 받았다. 1942년 10월에는 조선어학회사건으로 함흥에서 투옥되었다가 1945년 1월 18일에 감옥에서 풀려나와 다시 독립운동에 가담하여 불교계에 독립정신을 고취시키는 데 큰 역할을 하였다. 조선어학회 사건 예심종결정서에 따르면 김법린 선생의 죄목을 다음과 같이 나열하고 있다.

(1) 1932년 4월 경 동부 수공정 조선 불교사에서 피고인 이극로의 권유에 의하여 전기 조선어학회가 조선 독립을 목적으로 하는 결사인 사정을 알면서 이에 가입하고,

(2) 1929년 1월 이래 불교로 통해서 조선 문화의 향상을 도모함으로써 조선 독립의 실력을 양성할 것을 결의하고 이의 방법으로서 당시 아무런 통일없이 쇄퇴의 일로를 걷고 있는 조선 불교의 통일진흥을 도모코자 여러 가지로 획책했으나 뜻대로 아니 됨으로서 장차 불교계를 짊어져야 할 청소년 불교도에게 민족적 교양을 베풀어서 소기의 목적을 달성시킬 것을 결의하고 조선 독립의 목적을 가지고,

(3) 1934년 1월경부터 1935년 9월 경까지의 사이 전기 다솔사 부설 불교강원에서 수업 시간을 이용해서 동 원생도 10수명에 대하여,

ㄱ) "조선인으로서 조선어를 모른다는 것은 조선인으로서의 자각을 잃고 조선 민족의 존재를 망각함에 이르는 것인데, 조선어의 발달은 조선 민족의 발전에 지대한 관계가 있는 것으로서, 조선어의 쇠퇴는 조선 민족의 멸망을 의미하는 것이므로 해서 제자는 조선어를 연구하여서 조선의 발달을 도모하지 않으면 아니 되는" 취지,

ㄴ) "우리 조선은 4천년의 긴 역사와 문화를 가졌으나 이역사와 문화는 조선 고유의 것으로서 결코 타국에 손

색이 없는 우수한 것인 바 제자는 장래 조선 불교의 포교에 임할 때 이 일은 망각하는 일이 없이 조선 불교의 진흥을 통해서 조선의 발전을 도모하지 않으면 아니 되는" 취지,

ㄷ) "옛 조선의 고승은 지나로부터 전래된 불교에 조선의 민족적 문화 환경을 가미한 순조선민족적 불교로서 포교한 까닭으로 조선불교의 흥륭을 초래했는데, 제자는 그러한 고승의 정신을 자기의 정신으로 하고 금일 쇠퇴하여 찌그러져가는 조선불교를 부흥시켜서 조선의 향상을 도모하지 않으면 아니 되는" 취지,

ㄹ) "현재 조선민족의 쇄미와 조선 불교의 쇄퇴는 진실로 비애의 극에 이른바 아등은 아등의 일신의 영달, 사욕을 버리고, 쇄미해진 조선의 갱생을 목표로 하고 조선 불교의 진흥을 도모하지 않으면 아니 된다는" 취지,

ㅁ) "조선 민족의 문화는 동양문화 사상 연한 지위를 점해 왔음에도 불구하고, 이 문화는 현재 쇄미의 일로를 걷고 있는데, 문화의 발달과 불가분의 관계에 있는 것임으로 해서 우리는 이 조선 문화를 최고도로 발달시켜서 우리 조선의 갱생을 도모하지 않으면 아니 되는" 취지, 설술하고,

(4) 1935년 4월경부터 동년 12월경까지의 사이, 전기 해인사 부설 불교강원에서 수업 시간을 이용하여 동교 생도 20수 명에 대해,

ㄱ) "해인사에 보존되어 있는 고려장경판은 각판 문화의 최고봉으로서 우리 조선인의 기술적 능력의 우수성을 과시한 세계무비의 보물인 바 제자는 위 장경판의 기술 가운데 흐르는 우리 조선 민족의 우수성을 이해하

고 장래 조선불교 문화의 재건을 통하여 조선의 부흥에 노력하지 않을 수 없는" 취지,

ㄴ) "손기정이 올림픽 경기의 왕좌 마라톤경기에 제일착을 점한 것은 조선 민족이 정신적 방면뿐만 아니라 체력의 방면에서도 우수하다는 것을 보여준 것인데 동시에 또 손기정의 노력의 결과로써 이루어진 것임에 틀림없은 즉 제자는 우리 조선의 갱생을 위하여 손기정과 같은 노력을 하지 않으면 아니 되는" 취지, 설술한 외에 또한 전기 (1)의 ㄱ) 동 취지의 설술을 하고,

(5) 1938년 5월경부터 1941년 10월경까지 사이 전기 범어사 불교 전문강원에서 수업 시간 또는 기숙사의 훈화 시간을 이용하여 동원 생도 십수명 내지 30여명에 대하여,

ㄱ) "조선인으로서 조선어를 모른다는 것은 조선인으로서의 자각을 잃고 조선 민족의 존재를 망각함에 이르는 것인데, 조선어의 발달은 조선 민족의 발전에 지대한 관계가 있는 것으로 조선어의 쇄퇴는 조선 민족의 멸망을 의미하는 것이므로 해서 제자는 조선어를 연구하여서 조선의 발달을 도모하지 않으면 아니 되는" 취지.

ㄴ) "우리 조선은 사천년의 긴 역사와 문화를 가졌으나 이 역사와 문화는 조선 고유의 것으로서 결코 타국에 손색이 없는 우수한 것인 바 제자는 장래 조선 불교의 포교에 임할 때 이 일은 망각하는 일이 없이 조선 불교의 진흥을 통해서 조선이 발전을 도모하지 않으면 아닌 되는" 취지

ㄷ) "옛 조선의 고승은 중국으로부터 전래된 불교에 조선이 민족적 문화 환경을 가미한 순조선 민족적 불교로서 포교한 까닭으로 조선 불교의 흥융을 초래했는데

제자는 그러한 고승의 정신을 자기의 정신으로 하고
금일 쇄퇴하여 찌그러져가는 조선 불교를 부흥시켜서
조선의 향상을 도모하지 않으면 아니 되는" 취지

ㄹ) "현재 조선 민족의 쇄미와 조선 불교의 쇄퇴는 진실로
비애의 극에 이른바 아등은 아등의 일인의 영달, 사욕
을 버리고 쇄미해진 조선의 갱생을 목표로 하고 조선
불교의 진흥을 도모하지 않으면 아니 되는" 취지

ㅁ) "조선 민족의 문화는 동양문화 사상 찬연한 지위를 점
해왔음에도 불구하고 이 문화는 현재 쇄미의 일로를
걷고 있는데 문화의 발달과 불가분의 관계에 있는 것
임으로 해서 우리는 이 조선 문화를 최고도로 발달시
켜서 우리 조선이 갱생을 도모하지 않으면 아니 되는"
취지, 설술하고

서술한 외에 전기 (1)의 ㄱ) ㄴ) 양 취지의 설화를 하고, 그렇
게 함으로써 전기 목적인 사항의 실행을 선동하고

라 기록하고 있다.

1945년 겨울 불교중앙총무위원직을 맡았을 때에는 미군정
장관 하지를 만나 일본인 승려들이 머물렀던 사찰을 종단에서
인수할 수 있게끔 협의하는 등 여러 면에서 불교혁신운동을
벌였으며, 동국학원의 이사장으로 있던 1952년에는 문교부장
관에 임명되어 한글전용 및 한글 전용 교과서를 펴내는 데 결
정적 역할을 하였다.

1953년에는 유네스코조선위원회위원장이 되었으며, 제3대

민의원으로 피선. 1959년에는 원자력원장, 1963년에는 동국대학교총장이 되어 학교발전에 힘을 기울였다. 1962년 동국대학교에서 명예철학박사학위를 받고, 이듬해 동국대학교 총장이 되었다. 논문에 「정교분립에 대하여」, 「3·1운동과 불교」, 「12인연에 대하여」 등이 있다. 1964년 3월 14일 입적하셨다. 정부에서는 1955년 건국훈장 독립장을 추서하였다.

28. 일송 장현식 • "민족독립의 후견인"

조선어사전 편찬 후견

일송 장현식(張鉉植, 1986.9.17~?(납북)) 선생은 1896년 9월 17일 지금의 전라북도 김제시 금구면 서도리(상산리) 90번지에서 만석꾼의 아들로 태어났다.[1]

와세다대학을 다니다 중퇴한 이후[2] 귀국하여 중앙고등보통학교(지금의 중앙고등학교)가 설립될 당시 거액을 기부하였으며, 고려대학교가 설립될 당시에도 재단에 사재를 기부하여 교육을 통해 침체된 민족의 기운을 부흥시키기 위해 노력하였다.

---

[1] 박용규, 『조선어학회 항일투쟁사』, 한글학회, 240쪽, 2012. "일송 장현식의 생지와 모죽보기 참조. 아호를 '일송'으로 바로 잡는다."

[2] 예심판결문에 따르면 "피고인 장현식은 어린 시절에 한문을 수학한 학력이 있고, 경성부 사립 중앙고등보통학교 교주 및 동아일보사 감사역 등을 한 후 지주로서 농업을 경영하고 있었던 자로서"라고 하여 그의 학력을 무학으로 기록하고 있다.

일농
장 현 식
⟨1893 ~1950⟩

또 동아일보사가 창간될 당시에는 인쇄 장비를 구입할 수 있도록 거금을 기부하였다.

국가보훈처 국가유공자 공훈록에 따르면 선생은 일찍 1919년 비밀결사인 대동단이 창단되자 대동단의 운영자금을 제공하고 『대동신문』 발간의 재정운영을 담당하여 활동하다가 피체되어 1921년 4월 경성지방법원에서 소위 보안법 위반으로 징역 1년, 집행유예 2년형을 선고받았다(한글학회, 2014 : 36). 1939년에서 1940년에 이르는 기간 동안에는 민족어 보존을 염원하여 조선어학회를 중심으로 추진되고 있는 조선어사전 편찬사업을 지원하는 자금으로 3천원을 제공하였으며 1940년 11월경까지 지인 등에게도 권유하여 1,400원을 제공하게 하는 등 활동하다가 피체되었으나 1945년 8월 13일 고등법원 형사부에서 무죄로 확정되었다. 선생은 민족 독립 운동과 그 세력을 지원하는 데 힘을 쏟았다(한글학회, 2014 : 37).

선생은 조선어학회 조선어 표준어 제정 사정위원(전라도 대표)으로 활동하였다. 국가보훈처 국가유공자 공훈록에 따르면 1929년 10월 조선어연구회의 조선어사전편찬회에 가입하여 재정을 지원하였다. 조선어학회 기관지인 『한글』의 편집비를 지원하였으며, 1935년부터는 이인, 김양수 선생과 함께 조선어사전편찬의 촉진을 위한 비밀후원회를 조직하여 조선어사전 편찬을 위하여 이우식, 김양수 등과 함께 사전 편찬을 위해 재정 지원에 참가하였으며 선생은 3,000원을 제공하고 지인에게도 권유하여 1,400원을 더 제공하게 했다는 이유로 1942년 12월 23일 서울에서 검거되어 함남 홍원경찰서에 구금되었다가 함흥 감옥에 투옥되었다.[3] 또 1945년 1월 18일 함흥지방법원에 기소된 관련자에 대한 선고 판결이 내려졌다. 이극로(징역 6년), 최현배(4년), 이희승(2년 6개월), 정인승(2년), 정태진(2년), 김법린, 이중화, 이우식, 김양수, 김도연, 이인, 장현식은 각각 징역 2년을 받았다.[4]

광복 후 제2대 전라북도지사로 재임 중이던 1950년 한국전쟁 당시 북한군에 납치되어 현재까지 생사를 알지 못한다. 정부에서는 그의 공적을 기려 1990년에 건국훈장 애국장을 추서하였다.

---

[3] 예심 종결판결문에 "1936년 4월경부터 1944년 1월경까지의 사이에 조선어학회의 사무소 기지에서 조선어학회가 조선의 독립을 목적으로 하는 결사인 사정을 알면서 동 결사의 사업인 전기 조선어사전편찬의 자금으로서 7만 천백 원을 조선어학회에 제공함과 동시에 그간 피고인 장현식, 동 김도연, 동 이인 및 사정을 알지 못하는 서민호, 신현모, 설희조, 설원식 및 윤홍섭 등의 지인 동료를 권유해서 합계 7만 천백 원을 전기 조선어학회에 제공하게 하여 해당 결사의 목적 수행을 위하는 행위를 하고,"라는 기록에 의거함.

[4] "피고인 장현식은 어린 시절에 한문을 수학한 학력이 있고, 경성부 사립중앙고등보통학교 교주 및 동아일보사 감사역 등을 한 후 지주로서 농업을 경영하고 있었던 자로서 1919년 조선독립만세 소요 당시부터 이에 자극이 되어서 조선의 독립을 희망하고, 그즈음 소위 전협일단의 대동단에 조선독립 운동의 자금을 제공한 관계로 하여 1921년 4월 경성지방법원에서 치안유지법 위반에 의하여 징역 1년 2개월 형의 집행유예의 판결을 받아 위 집행기간을 무사 경과했으나, 아직 조선독립 사상을 완전히 불식하지 않은 바 피고인 김양수의 권유에 의하여 1936년 4월경부터 1939년 말까지의 사이에 조선어학회가 조선의 독립을 목적으로 하는 결사인 사정을 알면서 전기 조선흥업주식회사 내에서 동 결사의 사업인 조선어사전편찬의 자금으로 3천원을 피고인 김양수를 통하여 조선어학회에 제공함과 동시에 동 김양수를 통하여 전기 조선어학회에 제공케 함으로써 동 결사의 목적을 위한 행위를 하고"에서처럼 장현식 선생의 범죄 사실을 〈조선어학회 사건 예심종결정서〉에서 밝히고 있다.

---

29. 한뫼 안호상 ▪ "민족 사상운동가"

민족 사상가, 독립운동

한뫼 안호상(安浩相, 1902.1.23.~1999.2.21.) 선생의 본관은 순흥이
며 경상남도 의령군 부림면 입산리에서 태어났다. 어려서부터
신학문과 민족정신, 민족사상 연구에 뜻을 두었다.

국가보훈처 국가유공자 공훈록에 따르면 1924년 중국 상하
이동제대학(上海同濟大學) 예과를 거쳐 1929년 7월 독일 예나대
학교를 졸업하고, 동 대학에서 철학박사 학위를 받은 후, 영국
옥스퍼드대학과 독일 국립 훔볼트학술재단의 연구과정을 거쳐
귀국하였다(한글학회, 2014 : 74). 1925년 2월 독일에서 동향 선배
인 이극로 선생을 만나 언어학에 대한 이해뿐만 아니라 민족
주의와 국가 독립에 대한 사상의 깊이를 넓혔다.

안호상
〈1902 ~ 1999〉

국가보훈처 국가유공자 공훈록에 따르면 1934년 겨울에 민족독립사업에 유용한 국가적 인재를 양성할 교육기관으로 양사원을 설치할 것을 이극로, 안호상, 이윤재 등과 추진하였다. 1933~45년 8·15해방 전까지 보성전문학교 교수를 지냈다.

광복 후인 1945년 서울대학교 문리과대학 교수를 시작으로 1948년 초대 문교부장관, 대통령특사를 역임하였다. 1948~1950년 초대 문교부장관, 1949년 초대 학도호국단장, 1951년 조선청년단장, 1958년 동아대학교 대학원장을 역임했다. 1960년 무소속으로 참의원 의원에 당선되었고, 1969년 재건국민운동중앙회 회장, 1973년 마을금고연합회 회장, 1976년 한독(韓獨)협회 회장을 역임했으며, 1981년 학술원 원로 회원이 되었다. 1978~1988년 경희대학교 연구교수, 1978~1989년 국제문화협회 총재, 1981~1991년 한성학원(한성대학교) 이사장, 1987년 권율장군 기념사업회 회장을 지낸 바 있다.[1]

대표 저서로 『한백성(일민)주의의 본바탕』, 『민주적 민족론』 등이 있다. 대종교 총전교(교주). 한성대학교 재단이사장과 1986년에는 한글 문화단체 모두 모임 회장을 지냈으며, 1993년 2월 2일에 돌아가셨다. 1992~1997년 대종교 총전교를 지냈는데, 1995년 정부의 승인 없이 북한을 방문해 논란을 불러일으키기도 했다. 그는 한글운동과 조선상고사 연구에 깊은 관심을 가

---

[1] 선생의 해적이는 국가유공자 공훈록과 한글학회(2014 : 74) 참조.

지고 활동했다.[2] 학계와 교육계에 기여한 공로로 대한민국 국민 훈장 모란장, 독일 십자훈장, 외솔상, 일본 학사회 학술상 등을 수상했으며, 주요 저서로는 『철학개론』, 『논리학』, 『민주적 민족론』, 『헤겔의 판단론』(독문), 『배달동이 겨레는 동아문화의 개척자』(국영합본), 『겨레역사 6천 년』 등 다수가 있다.

동이족의 뿌리, 민족 철학 개척자

• 경상남도 의령군 부림면 입산리 한뫼 안호상 고택

경남 의령이라고 하면 먼저 머리에 떠오르는 고 이병철 삼성창업자의 고향이라는 이미지이다. 그러나 나는 안휘재 선생과 이극로, 안호상, 이우식 선생 등 독립운동을 위해 헌신한

---

[2] 안호상, 「70년동안 한글 애착심」, 『얼음장 밑에서도 물은 흘러』, 33~43쪽, 한글학회, 1997.

분들의 선연한 모습이 떠오른다. 경남 의령의 읍내 장터에는 아직 일제 강점기의 흔적이 남아 있다. 지난 적산 가옥들과 원조라고 자랑하는 유명한 네밀 국수집, 그리고 망개떡집 등 아릿한 옛 풍경이 고즈넉이 남아 있는 곳이다.

2012년 9월 가을걷이로 바쁜 들녘을 가로질러 빨간 잠자리가 낮게 들판을 가로질러 비행하는 날 의령을 찾았다. 멀리서 순흥 안씨들의 고가옥과 제실이 즐비하게 늘어서 있는 의령군 부림면 입산리 마을, 들녘 사람들은 가을걷이로 분주한 모습이다.

1936년 1월 이극로 선생이 이인 선생과 함께 조선이 영속하려면 학자들을 길러야 한다는 생각으로 양사원을 조직하여 학술연구를 지원해야 한다고 생각하였다. 안호상 선생 역시 뜻을 함께 하고 양상원 설립을 함께 추진하였으나 2차 세계대전의 발발로 중단되고 말았다. 안호상 선생은 철학을 전공하였지만 조선어사전 편찬에 들어갈 전문용어인 철학, 논리학, 윤리학 및 심리학 분야의 학술용어를 선정하고 또 그 뜻풀이를 담당하였다. 그만큼 안호상 선생은 한글에 대한 애착심이 유별하였다.[3]

조선어학회 사건이 발발했던 당시 선생은 결핵으로 병원에서 요양 중이었기 때문에 구속을 면할 수 있었지만 1943년 9월 함흥 검찰청에서 기소유예 처분을 받게 된다.

광복 이후 초대 문교부 장관으로 재직하면서 '한글전용법'

---

[3] 안호상, 「70년 동안의 한글 애착심」, 『조선어학회 수난 50돌 기념 글모이』, 한글학회, 1993.

을 통과시킴으로써 우리나라 초중등 교육에서 한글 전용의 기초를 놓는 역할을 하였다.

안호상 선생은 『배달동이 겨레는 동아문화의 개척자』에서 우리 민족의 유래를 밝히고 동이족의 '붉'의 사상을 체계화한 독자적인 우리의 철학적 기초를 닦으려고 노력한 탁월한 지식인이었다.

입산리 마을을 한 바퀴 돌아 나오다가 선생님 집골목 앞에 논둑에 세워진 안 선생님의 생가 터임을 밝힌 비석이 논둑에 나뒹거려져 있는 모습을 보았다. 가슴이 저릿하게 울려온다. 독립 유공자이자 초대 교육부 장관을 지낸 분의 생가터를 알려주는 비석이 저토록 논바닥에 굴러져 있는 지금 우리의 현실이 안타깝다. 자라나는 아이들이 이 광경을 보고 무엇을 배우고 익힐까? 친일파진상규명위원회에서 엄청난 국가 세금을 들여 몇 세대 지난 앞서 간 이들의 친일 행위 신상을 규명하면서 그 당대에 일제에 저항하고 민족의 언어를 수호하기 위해 노력한 독립운동가에게는 이토록 허술한 대접을 하는 세상의 무관심.

이극로 선생의 생가를 들렀다가 돌아오는 길에 군청에 들러 내가 촬영한 사진을 보여 주면서 관리를 해야 할 필요성을 이야기했지만 군청 당직자의 표정은 시큰둥하다. 그는 아예 안호상이라는 분에 대해 전혀 알지 못했다. 읍내 장터에서 메밀국수를 먹으며 세월의 무상함을 느끼는 한편, 국가 유공자에

• 논고랑에 쳐박혀 있는 안내 비석. ⓒ이상규(2012. 9)

대한 국가의 예우가 이토록 허술한 우리의 현실을 자책하면서
발길을 돌렸다.

30. 월파 서민호 • "정치가로서 국어운동"

파란 만장한 정치인으로서 국어운동

월파 서민호(徐珉濠)(1903.4.27.~1974.1.24.) 선생은 전라남도 고흥군 동강면에서 5천석군의 거부 집안에서 태어났다. 어린 시절 서당에서 한문을 사숙했으며, 보성중학 3학년 때 3·1운동에 참여하였다. 1921년 중앙고등보통학교를 졸업하고, 1923년 일본 와세다대학 정경학부를 수학하였다. 선생은 "일본으로 유학하여 1923년 와세다대학 정경학부를 졸업하였다. 1925년에 미국 오하이오주 웰스리언대학을 거쳐, 1927년 컬럼비아대학 정치사회학부를 수료하였다(박용규, 2013 : 275). 일본에서 수학할 당시 일본인에게 지지 않기 위해 권투와 축구를 익히며 몸을 단련했다고 한다. 6·10만세 사건에 이어 재일 학생들이 항일 운동에 나설 때 월파와 정재완 선생이 앞장서서 국기 게

월파
서민호
〈1903~1974〉

양대에 태극기를 걸었다고 한다. 국가보훈처 국가유공자 공훈록에 따르면 그는 1919년 보성중학 3학년으로 3·1운동에 참여하였으며 반도목탁지사건으로 6개월간 투옥되었다. 1936년에는 조선어학회의 사전편찬사업을 촉진하기 위한 비밀 후원회를 조직하여 거액의 재정지원을 하였으며,[1] 1942년 10월에는 조선어학회사건으로 구속되었다. 조선어학회사건은 일제가 조선민족 말살정책의 일환으로 조선어 말살을 대폭 강화하고 한글 운동자들을 탄압하기 위하여 만들어 낸 사건이었다. 그는 함경남도 홍원경찰서와 함흥경찰서에서 일제의 잔혹한 고문과 악형을 받았으며, 약 1년간 옥고를 치렀다.

그는 컬럼비아대학 재학시절부터 항일사상의 소유자로서 일제의 감시 대상이 되었다. 귀국 후 전라남도 벌교읍에서 남선무역주식회사를 설립하여 운영하였으며 1935년에는 송명학교를 설립하여 교장을 지냈다."[2] 사립보통학교 '송명학교'를 세워 '겨레 사랑'이라는 학교 교육의 목표를 설정하여 전남 벌교읍 주민들의 아이를 교육시키는 데 앞장섰다. 그러나 이 학교는 일제의 방해로 7년 만에 문을 닫게 된다.

미국 컬럼비아 대학 동문인 김도연, 김양수, 신윤국 선생과 함께 이극로 선생의 권유로 조선어학회에 가입하여 우리말과

---

[1] 한글학회(2014 : 65)에 따르면 1928년 6월 뉴욕에서 이극로 선생과의 만남이 인연이 되어 조선어학회를 후원하게 되었으며 1937년 170원, 1938년 160원을 후원하였다.

[2] 국가보훈청의 독립유공자 공훈록 참조.

글을 보급하고 조선어사전 편찬 사업의 후원에도 앞장을 섰다. 조선어학회에 1937년 170원, 1938년에 160원의 후원금을 지원하였다. 그러나 1942년 조선어학회사건으로 그 이듬해인 1943년 6월 서울에서 검거되어 7개월을 함흥경찰서 유치장에서 복역하게 된다. 1945년 8월 18일 전남 벌교 유지들이 모여 건국준비위원회를 결성하고 그 위원장으로 추대되었다. 광복 후 관계와 정계에 진출하여 1946년 6월 광주시장을 맡아 과도기의 시 행정을 안전하게 처리하였다. 같은 해 10월 전라남도지사가 되어 미군정기에 밀어닥친 좌우 분쟁과 기민들을 위해 온갖 지원정책을 펴서 도민들로부터 원성과 지탄을 받지 않은 도정을 이끌었다. 1948년에는 조선전업사장을 맡아 있다가 1950년 제2대 민의원에 당선되어 화려하게 정계로 진출하였다.

제2대 국회에 진출하여 1951년 1월 발생한 '국민방위군사건'을 폭로했고 1952년 소위 '서민호 의원 사건'의 당사자로서 반이승만 성향의 비판적인 정치인이었다. 1952년 거창양민학살사건의 국회조사단장으로 활동하던 중, 그해 4월 자신을 암살하려던 대위 서창선을 권총으로 사살한 사건으로 복역하면서 그의 화려했던 정치 생명에 먹구름이 끼게 된다. 국회의 부산 피난시절 이승만 정권과 연계된 군인들의 온갖 압력과 회유에도 굴복하지 않고 국민방위군사건과 거창양민학살사건을 과감히 국민에게 폭로함으로써 진상조사를 추진했다. 1952년 국회 내무위원장으로 지방 시찰 중 전라남도 순천에서 권총을 발사하며 위협한 서창선 육군 대위를 호신용 권총으로 사살한, 소위 '서민호 의원 사건'으로 국회의 항의에도 불구하고 징역 8년간의 실형을 살다가 4·19 혁명 후 과도정부의 특별사면으로 출옥했다. 4·19 학생의거와 함께 8년의 옥고를 치른 뒤 1960년 제5대 민의원에 당선되어 정치적인 재기를 한다. 민의원부의장에 피선되어 1961년 제15차 UN총회 조선대표로 참석하여 의원외교 활동으로 다시 정치적인 부활을 하게 된다.

그러나 그것도 잠깐 그해 5월 남북교류를 주장하다가 입건되었으나, 혁명검찰에서 기소유예로 풀려났다. 1963년 자민당 최고위원을 거쳐 민중당 최고위원을 지냈고, 그해 제6대 민의원의원에도 당선되었다. 1965년 한일협정을 반대하는 정치투쟁으로 의원직을 사퇴하였다.

1966년 혁신계 인사들과 함께 민주사회당을 창당, 대표최고위원이 되었다. 제7대 국회의원(제2·5·9·7대 4선 의원)에 당선. 1971년 신민당과 공당으로서의 합당을 이루지 못하고 개별 입당하였으며, 그해 개인적으로 통일문제연구소를 개설하였다가 1973년 정계를 떠났다. 이후 민주사회주의를 이념으로 표방하며, 1967년 3월에 창당된 대중당의 최고위원으로 대통령선거에 출마하기도 했으나 다시 반공법위반으로 옥살이를 하는 등 많은 고초를 겪었다. 국회의원으로서 정부의 실책을 국민에게 폭로하고 국회 내 비판자로서의 주도적인 역할을 수행했던 강직한 성품의 정치인이었다.[3]

정부는 고인의 공훈을 기리어 2001년에 건국훈장 애족장을 추서하였다.

　"한문을 아는 사람일지라도 한문의 음만 취하여 써 놓아 흔히 열 자일 경우에 일곱이나 여덟 자는 모르니 차라리 한문 글자로 쓰면 한문을 아는 사람들이나 시원하게 뜻을 알 것이다. 그러나 한문을 모르는 사람에게는 어떻게 할까. 이런즉 한문 글자의 음이 조선말이 되지 않은 것은 쓰지 말아야 옳다."

주시경 선생의 〈국문론〉에서

---

3 최호연, 「월파 서민호 선생을 기리며」, 『얼음장 밑에서도 물은 흘러』, 270~278쪽, 한글학회, 1997.

31. 연아 서승효 ▪ "언론인으로 민족운동 지원"

언론인으로서 국어사랑

연아 서승효(1882.9.22.~1964.9.11.) 선생은 충남 청양군 비봉면 방한리 9번지에서 태어났다. 서승효 선생은 외종사촌인 이시영 선생 댁에서 기식하면서 보성고보를 졸업한 후 1908년 4월 보성전문 파견 학생으로 일본 와세다대학 정경학과에 들어갔다. 1908년 5월 애국 계몽운동 단체인 대한학회에 가입하였고 동년 5월에는 대한흥학회 회원으로도 활동하였다(박용규, 2012 : 264~285).

와세다대학에서 졸업을 몇 달 앞둔 1910년 이시영 선생의 부름으로 상해 대한민국 임시정부로 달려가 1911년 이시영 선생이 주도한 서간도에 있는 신흥강습소를 개설하는 데 협조하면서 교관으로 활동하다가 1913년에는 신흥군관학교로 개편되자 여기서도 교관으로 활동하였다. 1919년 3·1운동 때 국내

연아
서승효
〈1882 ~ 1964〉

로 잠입하여 독립운동을 지원하였다.[1]

1919년 다시 귀국한 후 조선광문회에서 최남선을 만나 최남선의 소개로 『매일신보』교정부 기자로 활동하였다. 그 후 정치 경제부 기자로 활동하다가 1920년 『동아일보』정경부 기자와 중앙일보 편집부장 및 서무부장을 역임하였다(한글학회, 2014 : 56). 1922년에는 『중앙일보』편집부장 및 지방부장과 1924년에는 『조선일보』대구 경북 지방부장을 맡아 한글보급운동에 많은 노력을 기울였다. 이 무렵 대구의 이상화 시인과의 교류도 있었던 것으로 알려져 있다. 1926년에는 이상협 선생을 도와 『중외일보』를 창간하고 정치부 기자로 활동하였으며 『중외일보』가 『조선중앙일보』로 개명된 이후 동 편집부장과 서무부장을 맡았다(박용규, 2013 : 266).

1936년 이후 자신의 집 가까이에 있었던 조선어학회 조선어사전 편찬을 위해 노력하던 이극로, 정인승, 권승욱 선생과 함께 자신의 집에서 점심을 먹으며 사전편찬 위원들을 격려하였다고 한다. 박용규(2012 : 267) 박사는 당시 서승효 선생의 딸인 서차경의 진술을 소개하였는데

"조선어학회의 어른신인 이극로, 정인승, 권승욱 등이 8년 정도 오후 2시경 저희 집에 와서 점심을 먹고 갔다."

---

[1] 박용규, 『조선어학회 항일투쟁사』, 265~268쪽, 한글학회, 2012 참조.

라고 한다. 1941년 9월 서승효 선생은 이극로 선생이 추진하던 양사원 설립에도 참여하였다. 1942년 조선어학회 사건이 발발하자 서승효 선생도 1949년 12월 23일부터 서승효, 안재홍, 이인, 김양수, 장현식, 정인섭, 윤변호, 이은산, 김도연, 서민호 등과 함께 서울에서 검거되어 서대문 경찰서에 잠시 연행되었다가 함남 홍원경찰서로 이관되어 조사와 심문을 받은 후 기소유예 판결로 1943년 9월 18일 서민호, 이강래, 김윤경, 정인섭, 이은상, 권승욱, 이석린, 윤병호, 이만규, 김선기 등과 함께 총 18명이 기소유예로 석방이 되었다.

광복이 된 후 1945년 조선일보 지방부장을 1947년에는 동아일보 편집 고문, 1954년 자유신문 객원사원으로 지내면서 평생 언론계에 종사하면서 조국 광복을 위해 할 수 있는 일들을 적극 추진한 분이다. 특히 조선일보사와 동아일보사에서 추진하였던 문맹퇴치를 위한 한글보급 운동을 적극 지원하였으며 언론인의 신분으로 조선어학회 지원을 위해 각방으로 노력하신 분이다. 1954년 자유신문의 객원 사원으로 활동하시다가 1964년 9월 11일 이승을 떠났다.

32. 창남 윤병호 ▪ "애국 계몽운동가"

대동청년당과 독립운동

창남(滄南) 윤병호(尹炳浩, 1889.8.5.~1974.7.13.) 선생은 경상남도 남해군 설천면 문의리에서 아버지 윤태의와 어머니 최호영 사이에 4남 1여 중 셋째 아들로, 천석군 부농의 가정에서 태어났다. 1908년 보성전문 경제학과에 입학하여 1911년에 졸업한 후 1915년 일본 와세다대학 정경과 전문부를 수학하였다. 국가보훈처 국가유공자 공훈록에 따르면 1909년 안희제, 남형우, 서상일, 이원식, 김동삼, 이시열, 박중화, 배천택 등 80여 명의 동지들과 함께 국권회복을 목적으로 한 신민회(新民會) 계열의 비밀 청년단체인 대동청년당을 창립하여 독립운동을 전개하였다. 3・1운동 직후에는 부산에서 안희제가 설립한 백산상회(뒤에 백산무역주식회사로 개편)의 지배인 겸 취체역이 되어 실질적으로 이 회사를 관리하였다. 이 회사는 단순한 무역회사가 아니

창남
윤 병호
⟨1889 ~ 1974⟩

라 상해 임시정부에 독립운동 자금을 조달하고 국내와의 연락을 담당하는 연락기관이었다. 이러는 한편 조선어학회 조선어사전편찬의 후원 조직에 참여하였다.[1]

1909년 10월경 백산 안희제 선생과 함께 대구의 서상일, 경북 고령 출신인 남형우, 이원식, 김동삼, 배천택, 이시열, 박중화 선생 등 약 80여 명과 함께 일제 침탈에 대한 국권회복을 목적으로 신민회 계열의 대동청년당을 창설하였다. 대동청년당은 비밀결사 형태의 청년단체로서 이후 활발한 독립운동을 전개하였다. 단장은 조선어연구회 3대 회장을 지낸 경북 고령 출신의 남형우 선생이 맡았으며, 80여 명의 단원 가운데 윤병호, 이극로, 신성모, 이우식 등 조선어학회 사건과 관련된 인사가 다수 참여하고 있었다.

대동청년당의 인적 구성이나 활동 지역을 고려해 볼 때 처음에는 부산 동래에서 결성하였는데 경상 우도권 대구, 안동, 성주, 고령, 의령, 진주 등으로 이어지는 지역 인사들이 대거로 참여하고 있다. 특히 남형우, 안희제, 서상일 선생 등이 활약한 점으로 보아 고루 이극로 선생이 1910년대 이미 대동청년당 멤버와는 밀접한 인맥을 형성하고 있었으며, 후일 귀국한 이후 조선어연구회를 조선어학회로 개편하면서 이들 독립운동가들을 학회의 후원자로 참여시킨 것으로 보인다.

---

[1] 윤희표, 「창남 윤병호 선생」, 『얼음장 밑에서도 물은 흘러』, 78~87쪽, 한글학회, 1997.

대동청년단은 신민회, 대구의 교남교육회, 달성친목회, 조선 구국건회복단, 백산상회와 구성원이나 인맥이 거미줄같이 엉켜 있어 이들을 통해 상해 임시정부 수립을 하는 후원단체의 역할을 하였다. 신민회 회원 가운데 남형우, 안희제, 이우식 선생은 대동청년단원의 단원으로 이들 두 단체는 매우 긴밀하게 연결된 국권 회복을 위한 결속 단체임을 알 수 있다. 그 후 신성모, 윤병호 선생도 대동청년당에 가입하였는데 이들 모두 조선어학회의 전신인 조선어연구회와 밀접한 연계가 이루어졌으며, 고루 이극로 선생이 귀국하자 조선어학회로 들어와 언어 민족운동을 전개하게 된 배경을 이해할 수 있다.

한편 대동청년단은 경남 의령의 소지주인 안희제 선생이 설립한 백산상회를 중심으로 남형우, 이우식, 윤병호 등이 모여 부산과 대구를 중심으로 연계 관계를 확대해 나간 것으로 볼 수 있다. 만주 지역의 안동현에서 활동하던 신채호, 양기탁, 이윤재, 김좌진, 손일만 등과 연계한 대구의 박상진이 달성침목회를 부흥시켜 식민 극복을 위해 신교육의 필요성을 절감하고 인재양성에 힘을 쏟는다. 안희제 선생이 부산 동래에 구명학교를 설립하였고 김동삼 선생은 안동에 협동학교를, 김해 출신의 윤상태 선생은 고령에 일신학교를 설립한다.

1919년 3·1운동 이후 안희제 선생은 비롯한 백산상회 관계자들도 경상도 지역의 부호와 거상들을 모아 국권 회복을 위한 인재양성을 위해 '기미육성회'를 발족하여 제1차 유학생으

로 김정설, 이병호 등 5명을 일본에 파견하였고 그 뒤에도 안
호상, 이극로, 신성모 등의 해외 유학을 지원하기도 하였다. 특
히 백산상회는 상해임정과 매우 밀접한 관계를 유지하며 독립
군자금 마련을 위해 많은 역할을 하였다. 안희제 선생은 소규
모로 연 개인상회인 백산상회가 1919년에는 자본금 100만 원
의 백산무역회사로 키워나갔다.

백산무역회사의 관련자 가운데 조선어학회와 관련된 인사
들로는 주주 안희제, 이우식, 윤병호, 남형우 선생이 있다. 이
러한 측면에서 윤병호와 남형우 선생은 두 분 다 조선어학회
회원으로 활동하면서 상해 임정과 연락하여 독립군자금을 조
달하는 한편 국내에서는 기업과 학교 교육을 통한 인재양성의
지원에 힘 쓴 것으로 보인다.

윤병호 선생은 1911년에 조선어 강습원(국어 연구 학회 부설) 초
대 원장을 지냈으며, 1916년에는 김정진, 주시경 선생에 이어
한글모(한글학회의 전신 : 국어 연구 학회 → 배달 말글 모음 → 한글모) 제3
대 회장을 역임하였다. 초창기 한글 학회의 중요한 축을 이루
었던 분들 가운데 남형우 선생에 대한 기록은 『한글모죽보기』
에 언급한 정도 외에는 거의 알려지지 않았다. 다만, 민족문제
연구소의 기관지 『민족 문제 연구』 1996년 봄호에 일제가 작
성한 6장의 조선 통치 지도 자료가 소개되었는데, 이 지도 자
료 가운데 '불령선인(불순 조선인) 수령 출신지 분포도'(1921년)에
남형우 선생의 자취가 잠깐 보이고 있다. 선생은 이 지도에서

경상남도 출신의 여덟 수령 중 한 명으로 기록되어 있다. 상해 임시정부 交通總長과 한글모 3대 회장을 지낸 수석 남형우(1875.7.27.~1943.3.13.) 선생은 1875년 7월 27일 경북 고령군 고령읍에서 태어나 1909년 서상일, 안희제, 김동삼 등 청년 중심의 비밀 독립운동 단체인 대동청년당에 가입하여 활동하였으며, 상경하여 보성전문학교에서 법학을 전공한 뒤 졸업하고 1911년부터 1917년까지 동교 법률학 강사로도 잠깐 재직하였다.

1918년 6월 19일 부산경찰청 경시 미야무라 고마 사부로(宮村駒三郎)가 대구지방법원 검사정 스기무라 이쯔로우(杉村逸樓)에게 올린 복명서(정보보고서)에 의하면 1918년 3월경 보성전문학교 교수직을 그만 두고 부산으로 내려와 만주동에 있는 대성여관에 장기 투숙하면서 안희제 선생이 경영하는 백산상회에 일을 하였고, 동 3월 17일 백산상회의 주식 모금을 위해 대구를 향한 후에 형적이 없어졌다. 1919년 6월 16일 부산경찰서 조선총독부 경부 이시이 토라키치(石井虎吉)가 백산상회의 안희제 선생의 증인 심문한 결과인 '청취서'(『국권회복단』 232~235)의 진술 내용을 잠깐 살펴보자.

"내가 남형우와 알게 된 것은 7~8년 전 경성보성전문학교에서 같은 학생으로서 남형우는 법률을 나는 경제학을 공부했을 때부터 알게 되어 그 후 계속해서 친한 사이이다. 남형우는 보성학교를 졸업한 후 그 학교의 강사로

봉직하고 있다가 작년(1918년 3월) 봄쯤 사직하였으며 그 후
고향에 돌아가 있다가 2, 3개월 전에 부산에 와서 상업 견
습으로 하고 있었다. 남형우와는 내가 학교를 졸업한 후
에는 몇 번 만났으나 보통 친구와 같은 교제로 특별히 친
한 관계는 아니었다. 또 1년에 몇 번 편지도 교환하고 있
었으나 기거의 안부를 묻는 정도였다. 남형우가 부산에
상업 견습을 하러 온 것은 1918년 7월 경으로 그때부터
약 1개월쯤 있었고 그리고 나서 금년 1월경부터 3월 중순
경까지 마찬가지로 상업 견습을 하고 있었다. 남형우가
상업 견습을 하러 왔을 때에는 우리들이 경영하고 있는
백산상회에서 견습하였다. 그리고 그는 점원 또는 상회원
으로 있었던 것은 아니고 임의로 견습을 하고 있었다. 그
가 부산에 있을 때는 부산부 만주동 대성여관에 투숙하고
있었다."

안희제 선생의 남형우와의 관계에 대한 진술 내용이다. 수
석 남형우 선생이 보성전문학교 강사를 그만 둘 무렵 항일 독
립 운동에 뛰어들 결심을 굳힌 것으로 추정된다. 이에 대한 신
뢰할 만한 증거는 없으나 그의 행적을 추적해보면 이러한 가
정은 틀리지 않았을 것 같다.[2] 창남 윤병호, 수석 남형우, 김응

---

[2] 1908년 9월 1일 달성(대구)에서 이근우를 중심으로 달성친목회가 결성되어 조선인 청년 교육,
실업 장려를 목표로 하여 대한협회와 행동을 같이 하고 배일사상을 고취하기 위한 결사조직이
결성되었다. 이근우와 족친인 우현 이일우(이상정, 이상화, 이상협, 이상오의 백부)는 일우서당
을 설립하여 우국지사들과 협력하는 동시에 서상일 선생이 경영하는 대공상회를 통한 자립 갱

섭 선생은 함께 3·1만세 사건 이후 요주의 사찰 인물로 지목됨에 따라 활동 반경이 좁아지면서 상해로 탈출하여 상해 임시정부의 요인으로 활동하면서 국내의 주요 독립 단체와 긴밀한 관계를 유지했던 것이다.

윤병호 선생은 1929년 조선어편찬회에 발기인으로 참여하였고 1931년부터 이우식 선생과 함께 그 위원으로 활동하면서 그 후원에 참여하였다. 1942년 조선어학회 사건이 발생하면서 윤병호 선생은 재정 지원을 했다는 죄목으로 1여 년 옥고를 치른 이후 1943년 9월 18일 기소유예처분으로 석방되었다. 광복 후에 경상남도 농상부장을 지냈으며 사임 후 조선 염직 관리인으로 일하다가 제3대 국회의원(남해 무소속)을 지냈다. 1958년 제3대 국회의원으로 활동하다가 대장암 수술을 받고 재야로 물러나와 매우 힘들게 은둔하여 살다가 1974년 7월 13일 새벽에 86세의 일기로 세상을 떠났다. 꿈에 그리던 조국의 광복과 다시 분단된 조국의 아픔을 거친 그는 임종 직전 자신의 맏아들인 주하(판사, 월북)의 이름을 애타게 부르면서 세상을 떠났다고 한다. 고향인 경남 남해군 설천면 덕신리 구수곡에 안장되었다. 1963년 독립유공자로 대통령 표창을 1990년 정부로부터 대한민국 건국훈장 애족장을 수여받았다.

생의 길을 모색하고 있었다. 서상일 선생이 하얼빈에서 대구로 돌아온 1913년 9월 21일 이근우, 정운일, 서기수 등이 규합하여 달성친목회의 재흥을 꾀하다 일경에 발각되어 대구를 중심으로 한 국권회복단 사건 연루자들이 일망타진되고, 조사와 구금 및 기소되는 사건이 발생하였다.

33. 김종철 ▪ "독립운동 후원"

　김종철(1890.8.18.~1957.7.30.) 선생은 1890년 8월 18일 전남 구례군 마산면 냉천리 510번지에서 당대의 부호인 아버지 김택균과 어머니 김씨 사이에 태어났다.[1]

　김종철은 일본 와세다대학을 졸업한 후 1925년 6월 24일 미국 하와이 호놀룰루에서 열린 범태평양 기독청년대회에 송진우, 신흥우, 유억겸, 김양수 등과 함께 조선 대표로 참석하였다.[2] 이후 미국 뉴욕에 있는 컬럼비아대학과 워싱턴에 있는 조지워싱턴대학, 아메리칸대학에 유학하며 경제학을 공부하였다. 김도연, 윤치영, 김현철 등과 아메리칸대학에서 함께 공부하였다. 국가보훈처 국가유공자 공훈록에 따르면 1927년 8월에는

---

[1] 김종철 선생에 대한 생지와 약력 및 사진 및 관련 내용은 박용규(2012 : 249~251)을 전제하였음을 밝혀 둔다.

[2] 한글학회, 『조선어학회 선열들의 발자취』, 71쪽, 2014.

장덕수, 윤홍섭, 이철원, 허정, 김양수, 윤치영, 이대위 선생과 함께 재미한인산업회의를 결성하여 산업 지식을 발전시켜 조국 광복에 기여할 수 있도록 노력하였다. 1928년 6월 29일 재미 뉴욕 교포와 유학생들이 중심이 되어 『삼일신보』를 발간하였는데 그 발기인으로 김도연, 김양수, 서민호 등과 함께 참가하였다. 김종철 선생은 동 신문에 「조선 문제와 동양 황인종주의 문제(1930. 10.9.)와 「나그네의 길, 인도 가는 길에」(1931.9.17.)를 발표하였다(박용규, 2012 : 249~251).

귀국한 이후 1931년 수양동우회에 가입하였으며, 이극로 선생의 권유로 조선어편찬회 후원인으로 활동하였으며 이인 선생과 친하게 지냈다. 선생은 조선어학회에 1937년도에 2백 원, 1938년에 1백 원을 후원하였다.[3] 이로 인하여 1943년 3월 말에서 4월 1일 사이에 일제에 검거되어 함남 홍원경찰서에 구인되어 조사를 받았으며 유치장에 계류 중에 기소유예로 석방되었다. 국가보훈처 국가유공자 공훈록에 따르면 조선어학회사건으로 저들 명단에 오른 이는 모두 33명이었다. 이들 가운데 권덕규, 안호상은 병원에 입원 중이라 검거를 면했고 김종철

---

[3] 1927년 2월 10일 조선어학회 기관지로 창간된 『한글』은 1934년 1월(2권 1호)부터 이윤재 선생이 편찬을 담당하였는데 처음에는 이윤재 선생이 쓴 『문예독본』의 원고료를 받아 출판비를 충당하였는데 1936년 봄부터 이윤재 선생이 편집 책임을 맡고 있던 『한글』 잡지의 발행비를 감당하고 있던 남저는 사전편찬발기인으로 참여하고 있던 이우식, 김양수, 김도연, 이인, 서민호, 신윤국, 김종철, 조병식 등 14명이 조선어사전편찬 후원회를 결성하여 3년 이내에 사전 편찬을 할 수 있도록 후원금 1만원을 기증하였다. 이렇게 하여 조선어사전편찬회는 해체되고 조선어학회가 이를 인수받아 사전 출판을 담당하게 되었다.

과 신윤국은 홍원까지 끌려왔다가 기소유예로 풀려났다. 광복 이후 고향인 구례에 머물다가 1957년 7월 30일 자택에서 세상을 떠났다.[4]

　선생과 관련된 사료는 알려진 것이 거의 없다. 일제 침략기 최고의 지식인이었고 가진 것도 풍족하였으나 일제에 경도되지 않고 독립 운동을 후원하였다. 이러한 분들이 없었다면 우리의 역사는 지금 어떤 모습일까?

---

[4] 김종철 선생의 캐리커처는 한글학회(2014 : 70)의 사진을 바탕으로 작성된 것임을 밝혀둔다.

[부록] 조선어학회 사건 예심 판결문

판결문[1]

피고

▌이극로

　본적 : 경상남도 의령군 지곡면 홍곡리 827번지

　주소 : 경성부 화동정 139번지

　조선어학회 책임자 이극로 당 49세

▌최현배

　본적 : 경상남도 울산군 하상면 동리 613번지

　주소 : 경성부 행촌정 14번지

　경성 사립 연희전문학교 사무원(전 동교 교수) 최현배 당 51세

▌이희승

　본적 : 경성부 죽첨정 2정목 65번지의 27

　주소 : 경성부 죽첨정 2정목 65번지의 27

　경성 사립 이화여자전문학교 교수 이희승 당 48세

▌장지영

　본적 : 경성부 교남정 122번지

　주소 : 경성부 북아현정 1번지의 63

　무직 장지영 당 58세

---

[1] 본 자료는 건재 정인승 선생이 간직하고 있던 일본어로 된 판결문의 원본을 번역한 내용이다.
다만 현대어로 읽기 쉽도록 원문에 손상이 되지 않는 범위에서 수정하였다.

▌정인승
본적 : 전라북도 장수군 계북면 양악리 129번지
주소 : 경성부 혜화정 37번지
조선어학회 사무원 정인승 당 48세

▌이중화
본적 : 경성부 종로 1정목 3번지
주소 : 경성부 사직정 167번지의 1
조선어학회 사무원 이중화 당 64세

▌이우식
본적 : 경상남도 의령군 의령면 동리 105번지
농업 이우식 당 55세

▌김양수
본적 : 경성부 사직정 263번지
주소 : 경성부 사직정 263번지
조선흥업주식회사 취체역 김양수 당 49세

▌장현식
본적 : 경성부 명륜정 1정목 81번지
주소 : 경성부 명륜정 1정목 81번지
농업 장현식 당 49세

▌김도연
본적 : 경성부 죽첨정 3정목 210번지의 32
주소 : 경성부 죽첨정 3정목 210번지의 32
조선흥업주식회사 취체역 김도연 당 51세

▌이　인
본적 : 경성부 청진정 175번지
주소 : 경성부 청진정 175번지
변호사 이 인 당 49세

▎정열모

　본적 : 경상북도 김천군 김천읍 대화정 318번지

　주소 : 경상북도 김천군 김천읍 대화정 318번지

　전 김천중학교 교장 정열모 당 50세

▎김법린

　본적 : 경상남도 동래군 북면 청용리 546번지

　주소 : 경상남도 동래군 북면 청용리 546번지

　범어사 불교전문강원 학감 김법린 당 46세

▎정태진

　본적 : 경기도 파주군 오동면 금릉리 406번지

　주소 : 경성부 한근정 601번지의 8

　조선어학회 사무원(전 영생고등학교 교원) 정태진 당 42세

　위 자들에 대한 치안유지법 위반 피고 사건에 대하여 예심을 마치고 종결 결정하는 바 아래와 같음.

주문

　피고인 이극로, 동 최현배, 동 이희승, 동 정인승, 동 이중화, 동 이우식, 동 김양수, 동 장현식, 동 김도연, 동 이인, 동 김법린, 및 동 정태진에 대한 본건을 함흥지방법원의 공판에 부침.

　피고인 장지영, 동 정열모 양 인에 대한 본건은 기소를 면제함(免訴).

이유

　민족 운동의 한 형태로서의 소위 어문 운동은 민족 고유의 어문의 정리 통일 보급을 도모하는 하나의 문화적 민족 운동임과 동시에 가장 탐모원려(探謀遠慮)를 품은 민족 독립 운동의 점진적인 형태이다.

　생각건대 언어는 인간의 지적 정신적인 원천이 되는 동시에 인간의 의

사와 감정을 표현하는 외 그 특성까지도 표현하는 것으로서 민족 고유의 언어는 민족 간의 의사소통을 근본적으로 민족 감정 및 민족 의식을 양성하고, 이에 굳은 민족 의사의 결합을 낳게 하고, 이를 표현하는 민족 고유의 문자가 있어 이에 민족 문화를 성립시키는 것으로써 민족적 특질은 그 어문을 통해 다시 민족 문화의 특수성을 파출해서 향상 발달하고, 그 고유 문자에 대한 과시와 애착은 민족적 우월감을 낳고, 그 결합을 다시 더 공고히 하고 민족은 생생발전한다.

그렇다면 민족 고유의 쇄장은 이에 기인하여 민족 자체의 쇄장에 관한 것으로써 약소민족은 필사적으로 이것의 보호와 유지에 노력함과 동시에 이것의 발전을 책하여 방언의 표준화, 문자의 통일 및 보급을 희구하여 쉬지 않는다.

그리하여 어문 운동은 민족 고유 문화의 쇠퇴를 방지할 뿐만 아니라 그 향상 발전을 가져 오게 하고 문화의 향상은 민족 자체에 있어서 다시 강한 반성적 의식을 갖게 함에 이르게 하고, 강열한 민족의식을 배양해서 약소 민족에게 독립 의식을 낳게 하고, 정치 독립 달성에의 실력을 배양하게 하는 것으로써, 이 운동은 18세기 중엽 이래 구주 약소 민족의 반복되어 행하여온 그 성과에 비추어 세계 민족 운동사상 가장 유력, 또 효과적 운동으로 항목함에 이르렀다.

대개 본 건 '조선어학회'는 1919년 만세소우 사건의 실패에 감하여 조선의 독립을 장래에 기대함에는 문화운동에 의하여 민족정신의 함양 및 실력의 양성을 급선무로 해서 대두한 소위 실력 양성 운동이 그 개발의 빛임에도 불구하고, 마침내 용두사미로 끝나서 본령을 충분히 발휘하지 못했던 그 실적을 받아 1931년 이래 피고인 이극로를 중심으로 문화운동 중 그의 기초적 운동인 여상의 어문운동을 들고 나와 그의 이념을 가지고 지도이념으로 하고, 표면 문화운동의 가면 아래 조선 독립을 위한 실력 양성단체로서 본 건 검거까지 10여년의 긴 세월에 걸쳐 조선 민족에 대하여 조선어문 운동을 전개해 온 것으로서 시종일관 진솔하고 변하지 않는 그 활동은 끈기 있게 조선어문에 대한 조선 민심의 기치에 파고들어 깊이 그 심저에까지 먹어들어 조선어문에 대한 새로운 관심을 낳게 해서 다년간 내려오던 편협한 민족 관념을 배양하고, 민족 문화의 향상, 민족 의식의 앙양 등 그 기도한 조선 독립을 위한 실력 신장에 기여한 것이 대체로 볼 때 선명치 않은 것이 있어서 '조선어학회'는 그래서 민족주의 진영에서 단연 불발의 지위를 점하고 저들의 조선 사상계를 풍미하는 공산주의 운동의 앞에 습복하고 아무것도 하는 일없이, 혹은 자연 소멸하고 혹은 사교 단체에 의존하여 겨우 그 여단을 보존해온 민족주의 단체에서 단독 민족주의의 아성을 사수한 것으로서 중시하게 됨에 이르러 후단 기재의 그 사실과 같은 것은 어느 것이나 언문 신문 등의 열의있는 지지 아래에 조선인 사회에 이상의 반전을 불러 그 중에도 조선어사전편찬사업과 같은 것은 광고의 민족적 대사업으로서 촉망되어 있었던 것으로써,

□ 제1, 피고인 이극로는 어린 시절 서당에서 한문을 수학하고 사립초등학교 고등과 1년을 수료 후 17세 경 만주로 건너가 통화현 환인현 및 무송현에서 초등학교 교원을 하였고 1915년 상해로 건너가 독일인이 경영하는 동제대학에 입학하였다가 1920년 동 대학 본과 공과에 1년을 중도 퇴학하고 그 익년 상해파 고려공산당의 영수 이동휘가 이시파 고려공산당 아래의 분쟁을 해결코자 국제공산당의 지시를 받기 위하여 러시아에 가게 된 때 동 인과 동행한 기회에 독일에 들어가 다음해 1922년 베르린대학 철학부에 입학하여 공업경제를 전공하는 한편 인류학, 언어학을 연구하고 1927년 철학박사의 학위를 얻어 동 대학을 졸업하고 1929년 경 조선으로 돌아온 자로서 만주에 있을 당시 그곳의 조선인 사이에 넘쳐 있는 농후한 민족적 분위기에 물들고 또한 박은식, 윤기섭, 신채호 등과 같은 저명한 민족주의자와 접촉해서 그 교양 감화를 받아 다시 민족적 종교인 대종교에 입교해서 동교의 간부 윤세환 등 대종교의 제1세 교주 등의 교양을 받아 치열한 민족주의 의식을 품고 조선의 독립을 열망하고 조선 독립운동

에 생애를 바쳐서 그 지도자가 될 것을 뜻에 두고 군사학 연수를 위하여 러시아에 들어갈 것을 뜻하였으나 제1차 세계대전 발발로 이를 성사하지 못하고 그 후 1919년 만세 소요의 실패, 세계에 있어서 제 민족의 흥망사 및 독일에 있던 1927년 벨기에 수도 브리쉘에서 개최되었던 제1회 세계약소민족대회에 피고인 김법린 기타와 조선 대표로서 출석하여 ① 시모노세키조약에 의하여 보증되어 있는 조선 독립의 실행을 일본 정부에 요구할 것, ② 조선에 있어서 총독정치를 즉시 중단할 것, ③ 상해 대한민국 임시 정부를 승인할 것의 3항목에 걸친 의안을 제출하여 조선 독립을 위한 원조를 구했으나 채택되지 않았다.

약소 민족 대표자 간에 있어서까지도 조선의 존재를 무시당한 일들로 봐서 조선의 독립에는 외력 의존의 근본 관념을 시정하고 우선 조선 민족의 문화와 경제력을 양성 향상시킴과 동시에 민족 의식을 환기 앙양함으로서 독립의 실력을 양성한 다음 정세에 응하여 무장 봉기, 기타의 적이한 방법에 의하여 독립을 실현할 것이라고 사유함에 이르러 다시 조선으로 돌아오는 도중에 본국(일본) 및 하와이에서 이승만, 서재필 기타의 민족주의자들과도 접촉해서 의견을 교환하고 가일층 앞의 견해를 굳히게 되었는데 귀국 후 전 조선 각지를 시찰하고 혼미하고 둔하여 그 향할 바를 모르는 조선민족운동, 그 중에서도 실력 양성 운동으로서의 문화 운동의 부진 상황을 개탐함과 동시에 조선 고유문화의 쇠퇴와 민족 정신의 불통일은 첫째로 조선어문의 난맥, 불통일에 기인함이라 보고, 이를 정리 통일함에는 우선 표준적 조선어 사전을 편찬하는 것이 첩경이라고 사유하고 같은 의견을 가진 민족주의자 신명균, 이중화 및 이윤재(이미 사망함)와 협의한 결과 조선어의 대가로서 일찍이 조선어사전의 편찬에 경험이 있는 상해 대한민국 임시정부의 요인인 김두봉을 초빙하여 김두봉을 중심으로 이 사전편찬을 할 것을 기도하고 1929년 7월 경 전 이윤재를 상해에 파견했으나 김두봉은 이를 승낙하지 않으므로 피고인 최현배, 동 장지영 및 정열모 등의 협력을 얻어 각 방면의 명사 백여 명을 하나하나 동 사업의 발기인으로 권유하여 동년 10월 31일 경성부 수표정 조선교육회관에서 이의 창립총회를 개최하고 조선어사전편찬회를 조직하고, 피고인 및 전기 신명균, 이중화, 이윤재 및 피고인 최현배 1명이 상임위원이 되어서 사전편찬에 착수했는데

(1) 조선어사전편찬사업의 진보에 반하여 표준적 조선어사전편찬을 함에는 그 기초 공작으로서 우선 일반에 근거가 있다고 인정되는 조선어의 연구 단체에 의하여 혼란된 조선어 및 문자(언문철자)를 연구한 다음 이것을 정리 통일시킴의 필요성을 통감함과 동시에 다시 나아가 정리 통일된 조선어문을 널리 조선 민중에게 선전 보급함은 모두에 말한 소위 어문 운동으로서 미리 소기한 조선 독립을 위한 실력 배양 운동으로서 가장 효과적일 뿐만 아니라 위와 같이 부진한 조선 어문 운동의 나갈 길은 우선 기초적 운동이 해당 운동에서부터 시작하는 것보다 달리 없다고 사유하게 이르렀는데, 마침 1930년 1월 하순 경 앞에서 기록한 교육협회 내에 그 당시 미국, 영국에서 상해를 경유하여 조선으로 돌아온 피고인 김양수를 통해 전기 김두봉으로부터 "단순한 조선어문의 연구 또는 사전편찬은 민족운동으로서 하등 의미가 없고 연구의 결과, 정리 통일한 조선어문을 널리 조선 민중에게 선전 보급함으로써 비로소 조선 고유문화의 유지발전, 민족의식의 배양도 기하게 되고, 조선 독립을 위한 실력 양성도 가능함으로써 이후 이와 같은 방침으로 나아가길 바람"이라는 취지의 지시를 받게 되자 더욱 위와 같은 어문 운동에 투신하기로 결의를 굳게 함에 이르러 우선 그 방법으로 일찍이 부진했던 '조선어문연구회'인 조선어연구 단체가 피고인의 입회 이래 피고인의 조선어문에 대한 조예와 그 연구의 열의로 전기 신명균, 이윤재 및 피고인 최현배의 열렬한 지지 아래 급작스레 활기를 나타내 조선어문의 연구단체 중 가장 유력한 단체에 이르렀을 뿐만 아니라 마침내 우 피고인 등 수명을 중심으로 한 단체화가 되어 있음을 다행으로 여겨 동 회를 표면상 단순한 조선어의 연구 보급을 목적으로 하는 단체로 변개한 것 같이 가장, 표면에선 합법 장면을 이용해서 조선어 및 문자의 보

급에 의한 조선 독립단체로 개조할 것을 기도, 동년 9월경부터 11월경까지의 사이에 앞에 기록한 교육협회 안에 기타에서 앞에 기록한 신명균, 이윤재, 피고인 최현배, 동 이희승 등에게 개별 혹은 회합의 석상에서 미리 앞의 김두봉의 지시 내용을 전하고 조선어연구회를 조선 독립을 목적으로 하는 어문연구 단체로 개편할 것에 대한 취지의 결의를 고하고 각각 그 찬동을 받은 다음 1931년 1월 10일 앞에 기록한 조선교육협회 내에서 조선어연구회의 정기 총회에서 피고인으로부터 동회 개편의 참 내용의 사정을 비밀로 하고 조선어연구회가 타에도 동일 유사한 명칭의 단체가 있어서 피차 혼동하기 쉽고, 또 연구회라는 명칭은 조선어문에 관한 최고 권위 있는 단체의 명칭으로 상응하지 않다.

차제에 그 명칭을 변경함과 아울러 조선어사전편찬회로부터의 동 사전 편찬 기초 공작으로서 조선어 철자법 통일, 표준어의 사정 등의 위촉도 있고 하니 차제 회원 개개의 연구기관으로부터 나아가 이의 개편 방법을 제의하고 신명균, 이윤재 및 피고인 최현배 및 동 이희승 4명은 위 이면의 사업을 낱낱이 알면서도 이에 찬동하고, 사정을 알지 못한 다른 출석 회원 피고인 장지영, 동 정열모 및 이만규, 이강래의 찬동을 얻어, 위 '조선어연구회'의 개명과 동시에 그 목적 변경을 결정하고 위 신명균, 이윤재 및 피고인 최현배 및 동 이희승과 같이 표면상 조선어문의 연구보급을 기도하는 문화단체인 것처럼 가장하고 표면에 있어서 조선 어문을 정리 통일하여 이를 조선 민중에게 선전 보급해서 조선 고유문화의 향상과 조선 민중의 민족의식의 환기 앙양에 의하여 조선 독립의 실력을 양성하고 위 독립을 실현할 것을 목적으로 하는 '조선어학회'라 칭하는 결사를 조직하여 이래 동 결사의 중심 인물로서

(가) 조선 고유문화의 향상 및 조선 민족의 민족의식의 통일과 민족적 단결을 도모하여 조선 독립의 실력을 양성함에는 불통일 구구한 위 문화 및 의식 분열의 원인을 이른 조선 문자의 철자법을 통일해서 이를 조선 민중에게 선전 보급할 필요가 있다고 하여 위 결사 조직 후 즉시 전기 조선

교육협회의 조선어학회 사무소 기타에 있어서 이윤재, 피고인 최현배, 동 이희승 외의 사정을 모른 피고인 장지영, 권덕규, 김윤경, 이병기 및 이만규 등을 가하여 조선문자철자법의 통일에 대하여 여러 가지로 협의를 거듭한 다음 이듬해인 1933년 10월 경성에서의 중류 계급이 사용하는 조선어의 발음을 표준으로 하는 표음식 조선어철자법 통일안을 작성하여 이를 일반에게 공표하고, 다시 그 후 피고인 이희승, 동 정인승과 같이 이에 개정을 가하여 1940년 6월 경 당 개정안을 공표하고 이에 따라 조선일보, 중외일보, 동아일보 등의 각 언문 신문 및 조선 내에서 발행되는 언문 잡지의 거의 전부에 이 철자법을 채용함에 이르게 하고,

(나) 전과 같은 취지를 가지고 조선 내 각지의 방언을 정리해서 표준적 조선어를 사정할 필요가 있다고 하여 1934년 12월경 이윤재, 피고인 최현배, 동 이희승 및 전기 김윤경, 이만규와 협의한 결과 피고인 이극로, 동 최현배, 전기 신명균 및 이윤재 외 4명에 있어서, 그즈음 원안을 작성하여 익 1935년 1월 이래 앞에 기록한 조선어학회 사무소, 기타에 있어서 이상의 피고인외 피고인 장지영, 위 김윤경, 이만규, 이강래, 기타 사정을 모르는 다수의 선내 각도 출신의 지명인사를 가하여 종종 협의를 거듭하고 1931년 10월경 경성에서 중류계급이 사용하는 언어로서, 또 가급적 각도에 보편성이 있는 조선어를 표준으로 하는 조선 표준어를 사정하여 놓은 다음, 이를 동월 후기 훈민정음 반포 기념축하식 석상에서 발표함과 동시에 그즈음 각 방면에 공표하고,

(다) 전과 같은 취지로서 외래어 및 외국어로서 조선어로 사용되는 언어의 표기 방법을 통일할 필요가 있다고 여겨 1931년(소화 6) 1월 하순 이래 피고인 이희승 및 조선어학회회원 정인섭과 같이 다시 1938년(소화 13) 4월경 동 회원 김선기를 더하여 조선어학회 사무소에서 종종 협의를 거듭하여 외래어표기법 통일의 초안을 작성하였는데, 다시 피고인 이희승과 협의를 거듭한 끝에 1941년(소화 16) 1월경에 통일안을 결정하고 이것을 일반에게 공표하고,

(라) 1929년 조선총독부에서 개정 언문철자법을 발표한 결과 각 방면에서 신철자법에 대한 연구열이 높아 감을 기화로 하여서 조선 내 각지에서 언문강습회를 개최하고, 언문강습을 구실로 삼아 조선 민족의 민족 의식의 환기 앙양을 도모할 것을 기도, 1931년 7월 이윤재, 피고인 최현배, 동 이희승, 앞에 기록한 김윤경, 이강래, 이병기와 조선어학회 사무소 내에서 회합하여 이번 강습회의 개최에 대하여 여러 가지로 협의를 함과 동시에 금번 해당 강습에 당하여 언문의 역사성을 설명하여서 언문이 조선 민족과 불가분의 관계에 있는 것과, 언문을 연구하는 것이 곧 조선 민족 정신을 유지하는 바가 된다는 것을 강조함으로써 수강자의 민족 의식의 환기 앙양에 노력할 것을 서로 다짐한 다음 동년 및 다음해 1932년 각 7~8월에 걸쳐 앞에 기록한 자 등 외에 이만규를 더하여 조선 내 각지에서 언문강습회를 개최하고, 다시 1934년 하계에 같은 언문강습회를 개최코자 하였으나 당국의 금지로 해서 이를 중단, 어쩔 수 없게 되고,

(마) 다시 조선어 및 문자의 보급과 조선 민족 의식의 앙양을 도모하기 위하여 이미 1926년 경 이래 지금 경성부 내 조선인 유지가 조선 세종대왕의 언문 창제 반포의 당일을 기념하고자 매년 음 9월 29일 거행하여온 훈민정음 반포기념 축하식을 조선어학회 주최 하에 거행하기로 하고 1931년 이래 매년 음 9월 29일 경성부에서 이윤재, 피고인 최현배, 동 이희승, 동 장지영 등과 같이 다수의 조선 민중을 회합시켜서 축하식을 거행하고, 세종대왕의 훈민정음 반포 서문의 낭독과 아울러 언문의 우수성을 강조하는 연설 등을 하여 농후한 민족 분위기의 양성에 힘써 왔는데 1936년의 축하식 당일에 계속해서 앞에 기록한 조선어표준어의 발표를 한 데 대하여 내빈으로 출석한 민족주의자 망 안창호가 "조선민족은 원조로부터 계승한 모든 것을 잃고 마침내 국가까지도 상시함에 이르러 겨우 조선어만을 보유하는 상태임으로써 이것이 보급 발달에 노력하지 않으면 아니 된다."는 취지의 불온 연설을 한 탓으로 당국의 주의를 받았고, 또 그 다음해인 1932년 1월 중일 사변 발발에 반하여 당국의 단속이 엄중하게 됨으로 해서

그 후 축하식의 거행을 중단해야 하는 어쩔 수 없음에 이르고,

(바) 조선어 및 문자의 보급 발달에 의하여 조선 고유문화의 향성을 꾀함과 동시에 조선 민중의 민족 의식을 환기 앙양하도록 하기 위하여 기관지의 발행을 주의하고 1932년 1월 전기 사무소에서 이윤재, 피고인 최현배, 동 이희승, 동 장지영, 김윤경 및 이만규 등과 같이 조선어학회의 기관지로서 『한글(정음)』이라고 제하는 월간잡지를 발행할 것을 협의 결정하고 이래 1934년 1월까지 전기 신명균, 동년 4월부터 1937년 5월까지 이윤재가 그 후 1942년 6월까지 피고인 정인승으로 하여금 각각 이것의 편수에 당하게 하여서 매월 최저 6백 부 최고 3천 부의 월간잡지를 발행하고,

(사) 앞에 기술한 조선어사전편찬회는 그 후 재정난과 여히 조선어학회에 위촉한 조선어철자법의 통일, 표준어의 사정 등의 기초 공작 결정의 필요가 있어 1933년 6월경부터 사실상 사전편찬사업은 중단을 아니 할 수 없게 됨에 이르러 동 회는 오로지 유명무실로 되어 있었으나 앞에 기술한 바와 같이 사전의 기초 공작도 차차 완성됨과 동시에 재정 원조자를 얻음에 이르므로 전기 중단돼 있던 조선사전편찬의 계속을 결의하여 1936년 3월 전시 조선어학회 사무소에서 이윤재, 피고인 최현배, 동 이희승 등과 회합 협의의 결과, 조선어학회에서 전기 사전의 편찬을 계속하기로 하고 그즈음 전기 조선어사전편찬회에 자문하여 동 회를 해산시키고서 동 사업을 승계하여 다시 1938년 1월 피고인 정인승, 동 이중화 및 한징(그 후 사망)과 어휘의 채록, 주해는 조선 독립의 근본 목적에 부응토록 민족 정신의 고취를 일관하는 취지 아래 가능한 한 그 철저를 기함과 동시에 만일에라도 조선의 민족 정신을 말살 또는 훼손하는 것과 같은 문구의 사용을 피하고 해당 주해를 당국의 검열이 허락하는 범위 내에서 암암리에 민족 의식의 앙양을 꾀하도록 연구할 것을 협의 결정하고 이래 전기 조선어학회의 사무실 및 1935년 8월 경성부 화동정에 이전한 동 결사의 사무소에서 이상의 방침에 따라 피고인 정인승, 동 이중화, 한징 및 1938년 6월 조선어학회의 사무원으로 된 권승욱과 같이 동년 7월 위의 사무원으로 된 전기 권덕규, 동

1941년 4월부터 사무원으로 된 피고인 정태진 등과 같이 일견 교묘히 학술적인 것같은 조선어사전을 가장, 기실은 조선 고유문화를 향상시키고 또 조선 민중의 민족 의식을 환기 앙양하는데 충분한 조선어사전의 편찬에 힘써 1942년 9월경까지 수록 어휘 약 15만 6천 면에 이르는 원고를 작성하고, 조선 독립의 실력을 양상하기 위하여 조선 민족의 고유 문화의 향상과 민족 의식의 환기 앙양을 함에는 서상과 여히 각 방법을 실행하는 외 조선 어출판물의 보급화를 도모할 필요가 있다고 사유하고 이의 방법으로서 다른 나라의 실례를 본받아 널리 조선 민중에게 관혼상제 등의 비용을 절약케 해서 그 일부를 제공케 하여 그의 기념으로서 조선어사전을 출판할 것을 계획하고 이것의 일반의 찬조 지원을 얻기 위해서는 이를 형식상 조선어학회의 사업으로 하지 않고 선인 지명 인사를 회원 및 역원으로 하는 별개의 단체를 조직할 것을 기도하고 1935년 1월 전기 조선어학회 사무소에서 피고인 최현배, 이희승 양 인에 대하여 그 결의를 말하고 의견을 구하여 찬동을 얻자 그즈음 동 장소에서 이윤재에 대하여 동 년 3월경 동부 청진정의 피고인 이인 집에서 동 피고인에 대하여 각별히 전기 결의를 고하고 협력을 구하여 각각 찬동을 받은 다음에 그즈음 사정을 모르는 각 방면의 명사 20명 가량을 권유하여 그 사업의 발기인이 될 것에 대한 승낙을 얻어 동 년 3월 중순경 경성부 공평정의 요리점 태서관에서 피고인 이인 및 이윤재 기타 사정을 모르는 발기인 수 명과 같이 여상의 취지 아래 표면상 단순한 출판 사업을 경영하는 <조선기념도서출판관>이라 일컫는 단체를 조직했는데, 그 후 기념 출판의 가망이 없어서 1938년 1월 피고인 이인과 협의한 끝에 동 피고인으로부터 그의 부모의 환역 축하 비용 1천 2백원의 제공을 받아 사정을 모르는 앞에 기록한 김윤경의 저작인 『조선문자급어학사』라는 제목의 서적 1천부를 출판하여 그 중 5백부를 조선 내 및 조선의 밖(일본)의 각 도서관 및 지명 인사에게 무상 반포함과 동시에 그 여분을 판매에 부치고 다시 동 년 2월경 사정을 모르는 오세억이라는 자로부터 그의 결혼기념으로 4백 원의 제공을 받아 사정을 모르는 노양근이

라는 자의 저작인 「날아도는 사람(飛ビ廻ル人)」이라는 제목의 서적을 출판하기로 하고 동 년 11월경 이를 5백부 출판하여 각 방면에 배부하고,

(아) <조선기념도서출판관>에 관한 내용(생략)

(자) 조선어학회는 협의의 결과 4월경 피고인 김법린을 1936년(소화 11) 4월경 피고인 정인승, 동 한징 양 명을 각각 권유하여 전기 결사에 가입시키고, 그렇게 함으로써 전기 결사의 목적 수행을 위하는 행위를 하고,

(이) 상서와 같이 조선어학회를 조직해서 조선 독립의 목적 아래, 독립을 위한 실력 양성 운동으로서 문화운동의 기초적 운동인 어문운동을 전개하여 착착 그 효과를 봄으로써 다시 더 나아가 같은 목적 아래 표면상 학술연구기관인 것을 표방하고 이면에 있어서 조선 문화의 향상과 조선 정신의 선장을 꾀함과 동시에 독립운동의 투사 및 독립 후의 지도적 인재의 양성을 할 수 있는 결사를 조직할 것을 기도하고,

(1) 1936년 1월경 경성부 화동정의 이윤재 집에서 앞에 기록한 결의를 고하여 그 찬동을 얻어 황해도 안악의 부호 김홍량에게 자금을 제출시켜서 전기 결사를 조직할 것의 취지를 협의했으나 김홍량이 출자의 희망이 없었음으로 해서 전기 계획에 돈좌를 가져오고,

(2) 다시 피고인 이우식에게 출자를 시켜서 해당 결사를 조직할 것을 계획하고 1937년 5월경 동부 안암정의 보성전문학교 교수 안호상 집에서 상기의 사정을 비밀로 하고 그 표면성의 계획만을 고하여 피고인 이우식에게 이의 출자 권유할 것을 의뢰해 놓은 상기 안호상 및 동아일보 기자 大原一央와 같이 피고인 이우식에 대하여 전기 계획의 개요를 말하고 피고인의 진실한 의도를 추지시켜서 동 결사를 위한 출자를 구하여 그의 찬동을 얻어서 자금 10만원의 제공을 승낙시켜, 그 자금을 가지고 재단법인을 설립할 것을 상의한 다음 그 즈음 피고인 이인 집에서 동 피고인에 대하여 동 결사 조직의 여상 계획 및 피고인 이우식과의 교섭 전말을 고하고 그 협력을 구하여 찬동을 받은 다음 동월 7일경 경성부 본정 요리점 강호천에서 피고인 이우식 동 이인 및 안호상과 회합하고 동 결사를 재단법인으

로 조직할 것에 대하여 여러 가지 타협을 하고, 다시 같은 달 하순경 피고인 이인 집에서 상기 재단법인 설립 수속에 관하여 여러 가지 타협을 마치고, 이것에 구체적 계획을 집행해 왔는데 같은 해 12월경에 이르러 피고인 이우식에 있어서 전기 10만원의 자금의 제공이 곤란하게 됨으로 해서 상기 계획은 다시 좌절하고,

(3) 1941년 9월경 당시 경성에 거주 중인 피고인 이우식이 본적지인 경상남도 의령군으로 환향하게 됨으로 해서 거듭 동 피고인에게 출자를 구해서 처음의 뜻 한 바를 관철할 것을 희망하고 그즈음 동부 화동정의 자택에서 미리 그 진의의 사정을 비밀로 하고 상기의 경위를 말하고 협력을 구해놓은 동 피고인과 절친한 사이인 서승효 및 상기 안호상과 같이 피고인 이우식에 대하여 전과 같은 청을 해서 출자를 구하여 동 피고인의 승낙을 받아 다시 동년 10월 하순경 동부 관훈정 중국요리점 중화원에서 상기 안호상과 같이 피고인 이우식과 회합하여 협의한 결과 피고인에 있어서 1942년 1월까지 20만원을 제공할 것을 거듭 확약시켰는데, 1941년 12월 제2차 세계대전 발발로 시국 추이를 정관코자 일단 전서의 계획을 보류하게 되고,

그리하여 전후 수년에 걸쳐 조선독립의 목적을 가지고 그 목적인 사항의 실행에 관하여 협의하고,

□ 제2, 피고인 최현배는 히로시마 고등사범학교를 거쳐 1925년 3월 교토제국대학교대학부 철학과를 졸업하고 다시 1년간 동 대학원에서 교육학을 전공한 후 1926년 4월부터 1938년 7월까지 연희전문학교 교수로서 철학, 교육, 조선어 등의 학과를 담임하고 흥업구락부 사건에 관계되어 동교 교수의 직을 사퇴하고, 1930년부터 동 교 사원의 직에 있었던 자였던 바 한일병합 당시부터 이에 불만을 품고서 조선 독립을 희망하고 그 후 그는 김두봉, 주시경과 같은 민족주의자의 감화를 받아 혹은 대종교에 입교해서 그 민족주의적 분위기에 물들고 혹은 최남선의 저작을 열독해서 민

족 의식을 높이고 다시 윌슨이 제창한 민족자결주의 및 1919년 조선독립 만세소요사건 등의 자극을 받아서 더욱더 조선 독립을 절망하게 됨에 이르러『민족갱생의 도』라는 민족적 저술이 있고 1927년경 이래 조선 독립을 목적으로 하는 결사 흥업구락부에 가입해서 자주 그 회합에 참석했음으로 해서 1938년 9월 경성지방법원 검사국에서 치안유지법 위반에 의하여 기소유예 석방을 받은 자로서 일찍이 조선어문운동에 깊은 관심을 가지고 피고인 이극로와 같이 전기와 같이 조선어사전편찬회를 조직해서 그의 상무위원이 되며, 동 회를 위하여 진췌해온 바 제1의 (가)에 기재한 내용과 같이 피고인 이극로, 동 이희승 및 신명균, 이윤재 등과 '조선어학회'라 칭하는 조선 독립을 목적으로 하는 결사를 조직하고 동결사를 위하여,

(1) 제1의 (1) (가), (나), (다), (라), (마), (바), (사) 의 게재 내용과 같이 활동을 하고,

(2) 제2의 (1) (아) 게재 내용과 같은 '조선기념도서출판관'의 조직에 참수하고

(3) 1939년 5월과 1940년 3월의 2회에 걸쳐 조선어학회의 사무소에서 피고인 이희승, 동 정인승 두 사람이 회합하고 피고인 이극로 및 정인승 등의 편찬 중인 조선어사전에 사용할 문법술어에 관하여 협의를 하고 그렇게 함으로써 상기 결사의 목적 수행을 위한 행위를 하고,

□ 제3, 피고인 이희승은 보통학교 졸업 후 1924년 4월 29세로서 경성제국대학 예과에 입학하여 1930년 3월 동 대학 법문학부 조선어학 및 조선문학과를 졸업, 동년 4월 관립 경성사법학교 교유로 되고, 1932년 3월 이를 사직하고, 1935년 4월 이래 이화여자전문학교수로서 조선 문학, 국어(일어), 한문 등의 과목을 담임하고 있었던 자인 바 전기 조선 독립만세 소요 사건 당시부터 이에 자극되어서 민족 의식을 포회하고 그 후 다수의 조선 역사에 관한 문헌의 탐독과 조선 통치에 대한 불만에 의하여 전기 대학 재학 시 이래 조선의 독립을 열망하게 되었고, 1930년 11월경 피고인 이극로의

권유에 의하여 전기 조선어사전편찬회의 회원이 되고 그 편찬위원이 된 자로서 제1의 (1) 게재 내용과 같이 이극로, 동 최현배 및 신명균, 이윤재 등과 조선 독립을 목적으로 하는 결사를 조직하고 동 결사를 위하여,

(1) 제1의 (1) (가), (나), (다), (라), (마), (바), (사) 게재 내용과 같은 활동을 하고,

(2) 제1의 (1) (아) 게재 내용과 같이 '조선기념도서출판관'의 조직에 있어서 피고인 이극로의 의견에 찬동하고,

(3) 제2의 (3) 게재 내용과 같이 피고인 최현배, 동 정인승의 두 사람과 조선어사전에 사용해야 할 문법술어에 관한 협의를 하고, 그렇게 함으로써 전기 결사의 목적수행을 위한 행위를 하고,

□ 제4, 피고인 정인승은 보통학교 졸업 후 전문학교 입학자격 검정시험에 합격하여 1925년 3월 연희전문학교를 졸업하고 약 10년간 전라북도 사립 고창고등보통학교 교원으로 근무한 후 목장을 경영하고 있었던 자인 바, 1919년경부터 조선 독립만세 소요 사건의 자극을 받아서 조선의 독립을 희망하고, 1936년 4월경 전기 조선어학회 사무소 내에서 피고인 이극로의 권유에 의하여 조선어학회가 조선의 독립을 목적으로 하는 결사인 사정을 알면서도 이에 가입하여 그 사무실에서,

(1) 가입 당시부터 1942년 10월경까지 제1의 (1)의 (사) 게재 내용의 방침에 따라 주로 명사, 감탄사, 부사 등의 어휘를 담당하고 앞에서 기록한 조선어사전의 편찬에 종사하고, 또 상기 사전편찬에 관하여 제1의 (1) (사) 및 제2의 (나) 게재 내용에 협의를 하고,

(2) 1937년 6월부터 1942년 6월까지 조선어학회의 기관지 『한글』의 편집을 담당하고,

(3) 다시 제1의 (가) 게재 내용과 같이 조선어학회 사정의 조선어 철자법 통일안에 피고인 이극로, 동 이희승과 같이 개정을 가하여 이를 공표해서 상기 결사의 목적 수행을 위한 행위를 하고,

□ 제5, 피고인 이중화는 어린 시절 10년간 한문을 배우고 다시 동경 사립흥화학교에서 영어 및 지역(지리)을 수학한 후 약 25년간 동교 및 사립배재학당 및 배재고등보통학교의 영어 및 지역 교원으로 근무한 자였던 바 한일 병합 당시부터 이에 불만을 품고 조선의 독립을 희망하고 1936년 9월경 조선어학회 사무원에 고용되어 1937년 여름 무렵부터 1942년 10월경까지 경성 화동정의 조선어학회 사무소에서 동회가 조선의 독립을 목적으로 하는 결사인 사정을 알면서도 제1의 (1)의 (사) 게재 내용의 방침에 따라 주로 고유명사, 인도어, 한자어의 어휘를 담당하고, 전기 조선어사전 편찬에 종사하고 또 사전편찬에 관하여 제1의 (1)의 (사) 게재 내용에 협의를 하고 그렇게 함으로써 전기 결사의 목적 수행을 위하는 행위를 하고,

□ 제6, 피고인 이우식은 젊었을 무렵 상해에 유학하고 그 후 일본 동양대학에 입학하여 동 대학 철학과 제일학년을 중도 퇴학하고 향리의 사업가로서 다년 무역회사장, 은행두취 등을 지낸 후 가업에 종사해온 자이었던 바 한일병합 당시부터 이에 불만을 품고 1920년 향리에 있어서 만세 소요 사건에 관계한 일이 있고, 일찍이 조선의 독립을 희망하고 젊어서부터 친지로 되어 있는 동향의 피고인 이극로가 제1의 (1) 모두 게재 내용과 같이 열렬한 민족주의자로서 그의 생애를 조선 민족을 위하여 장차 또 조선독립운동을 위하여 바치려는 열의가 있음을 알자 이에 다년간 학자금 및 생활비를 제공하여, 상해, 독일에 유학시켜서 동 피고인의 조선 독립을 위하여 하는 활동을 기대하고 있었던 자로서 동 피고인 귀조 후 장래의 활동방침 결정을 위하여 6개월에 걸친 선내 친찰 족행 이후 동 피고인을 중심으로 하는 전기 조선어사전편찬회에 가입하고 1931년 1월부터 동 회의 간사장이 되고 그 활동 자금을 제공하여 동 피고인을 지원하고 독일 재학 중의 학자금 등을 지불, 동 피고인을 위하여 지출한 금액은 총액 8천 8백 90원에 이르는데 다시 동 피고인의 사업을 원조하기 위하여,

(1) 1936년 4월경부터 1942년 8월경까지 이르러 경성부 창신정의 당시의

거택, 기타에서 '조선어학회'가 조선 독립을 목적으로 하는 결사인 사정을 알면서 동결사의 사업인 조선어사전편자의 자금으로 1만 6천백 40원 기관 지 발행의 자금으로 천 50원을 '조선어학회'에 제공함로써 동 결사인 목적 수행을 위한 행위를 하고,

(2) 다시 조선 독립의 목적을 가지고 피고인 이극로 및 이인과 제1의 (이) (2) 및 (3) 게재 내용의 협의를 하고 그리하여 상기 목적인 사업의 실행 에 관하여 협의를 하고,

☐ 제7, 피고인 김양수는 도쿄 순천중학교를 거쳐 1915년 6월 조도전대 학 정치경제과를 졸업하고 동아일보, 조선일보의 기자를 지낸 후 1925년 6 월경부터 미국 및 영국에 유학 빠크콜럼비아, 런던 각 대학에서 영어, 정 치학, 경제학 등을 연구하고 1929년 말 귀조 후 피고인 김도연 외 수명과 같이 경성부 관훈정에서 조선흥업주식회사라는 상업회사를 경영하고 있는 자인 바 한일병합 당시부터 이에 불만을 품었고, 그리고 조도전대학 재학 의 무렵 동 대학교수 오오야마(大山郁夫)의 민족국가 이상론의 영향을 받 아 그 무렵부터 조선의 독립을 희망하고 다시 그 후 윌슨이 제창한 민족자 결주의에 자극되어서 그 의망을 굳힘에 이르러 체미 중에는 1929년 말 무 렵부터 뉴욕에서 피고인 김도연 및 체미 중의 민족주의자 장덕수 등과 서 로 의논하여 <삼일신보>라고 제하는 1919년 3월 1일의 조선독립 만세소 요에 기인하는 명칭의 신문을 발행하고 이를 통하여 전기 대한민국임시정 부를 지원함과 동시에 동 정부를 중심으로 하는 재외 각파 민족 단체의 대 동단결을 제창하고 체미 중에는 1929년 8월경 독일 프랑크프르트에서 개 최된 제2회 세계약소민족대회에서 조선 대표로서 출도해서 조선 독립에 대한 각 약소민족의 국제적 원조를 요구하고 조선으로 돌아오는 도중에는 상해에서 대한민국 임시정부의 간부와 면접하여 조선 독립에 관한 의견의 교환을 한 다음 제1의 (1) 게재 내용과 같이 김두봉으로부터 피고 이극로 에게서 전언을 의뢰받아 이를 동 피고인에게 전하여 동 피고인으로 하여

금 조선 독립을 목적으로 하는 전기 조선어학회를 결성하는 데 원인을 주는 등 조선독립을 위한 여러 가지 활동을 해왔었는데 피고인 이극로로부터 동 피고인 등의 기도하는 조선어문에 의한 조선 독립운동이 자금난으로 해서 마음과 같이 진척하지 못하는 취지를 들어 알게 되지 이를 원조해서 활발한 운동을 전개시킬 것을 결의하고 1936년 4월경부터 1944년 1월경까지의 사이에 조선어학회의 사무소 기지에서 조선어학회가 조선의 독립을 목적으로 하는 결사인 사정을 알면서 동 결사의 사업인 전기 조선어사전편찬의 자금으로서 7만 천백 원을 조선어학회에 제공함과 동시에 그간 피고인 장현식, 동 김도연, 동 이인 및 사정을 알지 못하는 서민호, 김○○, 신현모, 설희조, 설원식 및 윤홍섭 등의 지인 동료를 권유해서 합계 7만 천백 원을 전기 조선어학회에 제공하게 하여 해당 결사의 목적 수행을 위하는 행위를 하고,

□ 제8, 피고인 장현식은 어린 시절에 한문을 수학한 학력이 있고, 경성부 사립 중앙고등보통학교 교주 및 동아일보사 감사역 등을 한 후 지주로서 농업을 경영하고 있었던 자로서 1919년 조선독립만세 소요 당시부터 이에 자극이 되어서 조선의 독립을 희망하고, 그즈음 소위 전협일단의 대동단에 조선독립 운동의 자금을 제공한 관계로 하여 1921년 4월 경성지방법원에서 치안유지법 위반에 의하여 징역 1년 2개월 형의 집행유예의 판결을 받아 위 집행기간을 무사 경과했으나, 아직 조선 독립 사상을 완전히 불식하지 않은 바 피고인 김양수의 권유에 의하여 1936년 4월경부터 1939년 말까지의 사이에 조선어학회가 조선의 독립을 목직으로 하는 결사인 사정을 알면서 전기 조선흥업주식회사 내에서 동 결사의 사업인 조선어사전편찬의 자금으로 3천원을 피고인 김양수를 통하여 조선어학회에 제공함과 동시에 동 김양수를 통하여 전기 조선어학회에 제공케 함으로써 동 결사의 목적을 위한 행위를 하고,

□ 제9, 피고인 김도연은 도쿄 금성중학을 거쳐 경응의숙대학 이재과 2학년을 중도 퇴학하고, 1922년 4월 미국에 건너가 오하이오주 월선전문학교, 콜럼비아 및 미국 각 대학에서 경제학을 전공하고 1931년 3월 철학박사의 학위를 얻어 1932년 7월 귀조하여 일시 연희전문학교의 경제학 담임강사로 된 후 피고인 김양수와 같이 전기 조선흥업주식회사를 경영하고 있었던 바 경응의숙대학에 재학하고 있을 무렵부터 조선 통치의 불만을 품었고, 또 윌슨이 제창한 민족자결주의에 자극되어서 조선의 독립을 희망하고, 1919년 2월 동경에서 이광수, 최팔용 외 수명과 같이 조선독립선언서를 출판 반포한 까닭으로 동년 6월 26일 도쿄 지방법원에서 출판법위반에 의하여 금고 9월의 벌을 받아 그즈음 상기의 집행을 마치고 출소 후 도미 유학중 제구기극과 같이 피고인 김양수와 <삼일신보>를 발행해서 대한민국 임시정부의 지원과 각파 민족단체의 대동단결을 도모하였고, 혹은 뉴욕 재유의 조선인 및 실업가를 규합하여 재미한인산업협회라고 칭하는 단체를 결성하고 산업 지식의 연구발전에 의한 조선 독립의 경제적 실력 양성을 도모하는 등 각종으로 조선 독립을 위한 활동을 한 것이었는데, 피고인 김양수의 권유에 의하여 1936년 4월경부터 1940년 1월경까지의 사이, 조선어학회가 조선의 독립을 목적으로 하는 결사인 사정을 알면서 전기 조선흥업주식회사 내에서 동 결사의 사업인 조선어사전편찬의 자금으로서 7백 원을 피고인 김양수를 통하여 조선어학회에 제공하고, 그렇게 하여 전기 결사의 목적 수행을 위한 행위를 하고,

□ 제10, 피고인 이인은 대구부 실업보습학교, 도쿄 정칙중학교, 일본대학전문부 법과를 거쳐 명치대학 법과를 졸업하고 1919년 9월까지 조선총독부재판소 서기로서 대구지방법원 김천지청 및 경성지방법원에 근무 후 1923년 4월 이래 경성부 청진정에서 변호사를 개업하고 있던 자로서 1928년 여름부터 조선 통치에 불만을 품고 있었는데, 그 후 변호사로서 각종 사상사건에 관여하게 되어 차차 조선을 일본의 식민지로 보고서 이의 독

립을 주장하는 사건 관계자의 사상에 공명하고 1930년 중 경성지방법원에서 치안법위반 피고사건의 변호인으로서 변호를 할 때 "조선인이 조선의 독립을 부르짖음은 본능이다"라고 절규하고, 정치에 관하여 불온한 언동을 하고 치안을 방해한 동 사건 피고인 등의 범죄를 곡비하고 그 소위를 상양한 혐의로 해서 그즈음 정직 6개월의 징계처분을 받은 일이 있고 일제총독정치에 불만을 갖고 조선의 독립을 희망하고 민족주의 진영의 한 이채적 존재였었는데, 그리하여 본 건에 의해 과거의 사상을 청산하고 황국신민으로 갱생을 맹서하고, 1944년 1월 6일 변호사 명부의 등록을 취고한 자였는데,

(1) 앞에서 기술한 조선어학회가 제1의 (1) 모두의 기록과 같이 조선독립을 목적으로 하는 결사인 정을 알면서 동결사를 위하여,

(가) 제1의 (1) (아) 기록과 같이 여히 피고인 이극로 및 이윤재 등과 같이 동결사의 사업이 조선기념도서출판관이라는 조선어 도서의 출판단체를 조직하고, 1938년 1월경 조선어학회의 책임자인 피고인 이극로에게 자금 천 2백 원을 제공하고 『조선문자급어학사』라는 조선어 도서를 출판하고

(나) 1939년 4월 경 및 1940년 1월경의 2회에 걸쳐 동 결사의 사업인 전기 조선어사전편찬의 자금으로서 합계 2백 원을 피고인 김양수를 통하여 조선어학회에 제공하고 그리함으로써 전기 결사의 목적 수행을 위한 행위를 하고,

(2) 제1의 (2)의 기록과 같이 피고인 이극로, 동 이우식과 조선 독립의 목적을 가지고 조선 문화의 향상과 조선 정신의 선양을 도모함과 동시에 독립운동의 투사 및 독립 후의 인재를 양성하는 결사를 조직할 것에 대하여 여러 가지 협의를 하고, 그리함으로써 전기 목적인 사항의 실행에 관하여 협의하고,

□ 제11, 피고인 김법린은 경상남도 동래부 범어사 명정학교, 동 불교전문강원, 경성부 숭일정 불교중앙학교 등에서 불교학을 수학, 1921년 4월경

부터 프랑스 푸넬고등학교, 동 파리대학교 문학부에서 프랑스어 및 철학을 연구하고, 1928년 1월 귀선해서 일시 경성 불교전문학교의 강사로 근무하고 다음 1930년 4월부터 2년간 도쿄 구택대학에 재학해서 불교학을 수업, 이래 동성부 수공정 불교사 기자, 경상남도 사천군 다솔사 및 동도 합천 해인사 부설 불교강원, 전기 범어사 불교전문강원 등의 교사로 근무해 있던 자인 바, 1917년경 이래 학우의 감화 이광수, 최남선 등의 저작, 윌슨이 제창한 민족자결주의의 영향 등으로 조선의 독립을 희망함에 이르러 1919년의 조선 독립만세 소요 때 이에 참가하여 경성부 인사정 일대에 조선독립선언문을 살포, 첩부하고 그 검거를 모면하고 상해에 건너가 대한민국 임시정부에 가담하려 했으나 용납되지 않았지만 프랑스 체재 중에도 1927년 2월 피고인 이극로와 같이 조선 대표로서 제1회 세계약소민족대회에 출도하고 제1 모두에 기록과 같은 제안을 함과 동시에 조선 독립에 대한 각 약소민족의 국제적 지원을 구하는 취지를 연설을 하고, 다시 동년 9월 벨기에의 브뤼셀에서 개최되었던 반제국주의연맹 제2회 중앙위원회에 조선 대표 최린의 통역으로 출도하는 등 여러 가지 조선 독립을 위한 활동을 한 일이 있고 조선으로 돌아온 후 1929년 1월경 조선 불교계 유력자로서 피고인 이극로의 권유에 의해 전기 조선어사전 편찬회에 가입하게 이르렀는데 다시,

(1) 1932년 4월 경 동부 수공정 조선 불교사에서 피고인 이극로의 권유에 의하여 전기 조선어학회가 조선 독립을 목적으로 하는 결사인 사정을 알면서 이에 가입하고,

(2) 1929년 1월 이래 불교로 통해서 조선 문화의 향상을 도모함으로써 조선 독립의 실력을 양성할 것을 결의하고 이의 방법으로서 당시 아무런 통일없이 쇄퇴의 일로를 걷고 있는 조선 불교의 통일 진흥을 도모코자 여러 가지로 획책했으나 뜻대로 아니 됨으로서 장차 불교계를 짊어져야 할 청소년 불교도에게 민족적 교양을 베풀어서 소기의 목적을 달성시킬 것을 결의하고 조선 독립의 목적을 가지고,

(1) 1934년 1월경부터 1935년 9월 경까지의 사이 전기 다솔사 부설 불교 강원에서 수업 시간을 이용해서 동 원생도 10수명에 대하여,

(가) "조선인으로서 조선어를 모른다는 것은 조선인으로서의 자각을 잃고 조선 민족의 존재를 망각함에 이르는 것인데, 조선어의 발달은 조선 민족의 발전에 지대한 관계가 있는 것으로서, 조선어의 쇠퇴는 조선 민족의 멸망을 의미하는 것이므로 해서 제자는 조선어를 연구하여서 조선의 발달을 도모하지 않으면 아니 되는" 취지,

(나) "우리 조선은 4천년의 긴 역사와 문화를 가졌으나 이 역사와 문화는 조선 고유의 것으로서 결코 타국에 손색이 없는 우수한 것인 바 제자는 장래 조선 불교의 포교에 임할 때 이 일은 망각하는 일이 없이 조선 불교의 진흥을 통해서 조선의 발전을 도모하지 않으면 아니 되는" 취지,

(다) "옛 조선의 고승은 중국으로부터 전래된 불교에 조선의 민족적 문화 환경을 가미한 순조선 민족적 불교로서 포교한 까닭으로 조선불교의 흥륭을 초래했는데, 제자는 그러한 고승의 정신을 자기의 정신으로 하고 금일 쇠퇴하여 찌그러져가는 조선 불교를 부흥시켜서 조선의 향상을 도모하지 않으면 아니 되는" 취지,

(라) "현재 조선 민족의 쇄미와 조선 불교의 쇄퇴는 진실로 비애의 극에 이른바 아등은 아등의 일신의 영달, 사욕을 버리고, 쇄미해진 조선의 갱생을 목표로 하고 조선 불교의 진흥을 도모하지 않으면 아니 된다는" 취지,

(마) "조선 민족의 문화는 동양문화 사상 연한 지위를 점해왔음에도 불구하고, 이 문화는 현재 쇄미의 일로를 걷고 있는데, 문화의 발달과 불가분의 관계에 있는 것임으로 해서 우리는 이 조선 문화를 최고도로 발달시켜서 우리 조선의 갱생을 도모하지 않으면 아니 되는" 취지, 설술하고,

(2) 1935년 4월경부터 동년 12월경까지의 사이, 전기 해인사 부설 불교 강원에서 수업 시간을 이용하여 동교 생도 20수명에 대해,

(가) "해인사에 보존되어 있는 고려장경판은 각판 문화의 최고봉으로서 우리 조선인의 기술적 능력의 우수성을 과시한 세계무비의 보물인 바 제

자는 위 장경판의 기술 가운데 흐르는 우리 조선 민족의 우수성을 이해하고 장래 조선불교 문화의 재건을 통하여 조선의 부흥에 노력하지 않을 수 없는" 취지,

(나) "손기정이 올림픽 경기의 왕좌 마라톤 경기에 제일착을 점한 것은 조선 민족이 정신적 방면뿐만 아니라 체력의 방면에서도 우수하다는 것을 보여준 것인데 동시에 또 손기정의 노력의 결과로써 이루어진 것임에 틀림없은 즉 제자는 우리 조선의 갱생을 위하여 손기정과 같은 노력을 하지 않으면 아니 되는" 취지, 설술한 외에 또한 전기 (1)의 (가) 동 취지의 설술을 하고,

(3) 1938년 5월경부터 1941년 10월경까지 사이 전기 범어사 불교 전문강원에서 수업 시간 또는 기숙사의 훈화 시간을 이용하여 동원 생도 십수명 내지 30여명에 대하여,

(가) "조선인으로서 조선어를 모른다는 것은 조선인으로서의 자각을 잃고 조선 민족의 존재를 망각함에 이르는 것인데, 조선어의 발달은 조선 민족의 발전에 지대한 관계가 있는 것으로 조선어의 쇄퇴는 조선 민족의 멸망을 의미하는 것이므로 해서 제자는 조선어를 연구하여서 조선의 발달을 도모하지 않으면 안 되는" 취지.

(나) "우리 조선은 4천년의 긴 역사와 문화를 가졌으나 이 역사와 문화는 조선 고유의 것으로서 결코 타국에 손색이 없는 우수한 것인 바 제자는 장래 조선 불교의 포교에 임할 때 이 일은 망각하는 일이 없이 조선 불교의 진흥을 통해서 조선의 발전을 도모하지 않으면 아닌 되는" 취지

(다) "옛 조선의 고승은 중국으로부터 전래된 불교에 조선이 민족적 문화 환경을 가미한 순조선 민족적 불교로서 포교한 까닭으로 조선 불교의 흥융을 초래했는데 제자는 그러한 고승의 정신을 자기의 정신으로 하고 금일 쇄퇴하여 찌그러져가는 조선 불교를 부흥시켜서 조선의 향상을 도모하지 않으면 아니 되는" 취지

(라) "현재 조선 민족의 쇄미와 조선 불교의 쇄퇴는 진실로 비애의 극에

이른바 아등은 아등의 일인의 영달, 사욕을 버리고 쇄미해진 조선의 갱생을 목표로 하고 조선 불교의 진흥을 도모하지 않으면 아니 되는" 취지

(마) "조선 민족의 문화는 동양문화 사상 찬연한 지위를 점해왔음에도 불구하고 이 문화는 현재 쇄미의 일로를 걷고 있는데 문화의 발달과 불가분의 관계에 있는 것임으로 해서 우리는 이 조선 문화를 최고도로 발달시켜서 우리 조선이 갱생을 도모하지 않으면 아니 되는" 취지, 설술하고

설술한 외에 전기 (1)의 (가) (나) 양 취지의 설화를 하고, 그렇게 함으로써 전기 목적인 사항의 실행을 선동하고,

□ 제12, 피고인 정태진은 1926년(대정 15) 3월 연희전문학교를 졸업하고, 약 2년간 함흥부 악민정 소재 사립 영생여자고등학교 교원으로 근무한 후, 도미하여 우스타전문학교 및 콜럼비아대학에서 철학 및 교육학을 수업, 1933년(소화 8) 4월부터 1940년(소화 15) 5월까지 재차 영상여자고등학교(후에 영생고등여학교로 개칭) 교원으로 근무해 있던 자로서, 연희전문학교 재학 당시부터 동교 교수인 정인보, 이관용 등에 감화, 미국인 목사 비링그스의 선동 등에 의하여 조선 독립을 희망하고,

(1) 영생여자고등보통학교 재직 중 동교 생도에게 민족의식을 주입시켜서 조선 독립을 위하여 활동케 함과 동시에 장래 모성으로서 자제를 민족적으로 양성케 할 것을 결의하고, 동교 교실에서 수업 시간을 이용하여,

(가) 1936년(소화 11) 8월경 당시 2년생 50여명에 대하여 당시 전라북도 남원에 있어서 김홍도라는 여자가 그 남편과 같이 남장을 하고 종군하여 일본군과 싸운 사실을 예시하고 "여사히 김홍도는 여자임에도 불구하고 남자와 같이 전쟁터에서 조선을 위하여 훌륭하게 싸운 것과 같이 제자도 홍도와 같이 조선을 위하여 일하는 여성이 되어 주기를 바란다는" 취지,

(나) 1937년(소화 12) 10월경 당시의 2년생 50여명에 대하여 "옛 조선은 일본보다 월등히 문화가 발달해 있어서, 예를 들면 일본 나라에 있는 법률

사의 벽화도 솔거라는 조선인의 그린 것으로써 모든 점에 있어서 조선인
이 일본인을 가르쳤음에도 불구하고, 그 후 조선의 문화는 차차 쇄퇴하여
현금은 반대로 우리들 조선인이 모든 점에서 일본인에게 배워야 하는 상
태인 바, 제자는 열심히 면학하여 조선 문화의 회복 및 조선 민족의 장래
를 위하여 크게 노력하여 옛과 같이 우세한 지위로 되돌아갈 수 있게 노력
하기를 바란다"는 취지,

(다) 1938년(소화 13) 1월경 생도 50여명에 대하여 예전에 일본의 고니시
유키나가(小西行長)이 평양을 함락시키고 전승의 성연을 베풀 때 계월향이
라는 기생이 그 연석에 시녀로서 술에 만취되어 쓰러져 있는 때를 놓치지
않고 일본군의 장군을 안고 함께 대동강에 뛰어 들어 익사한 까닭으로 일
본군의 군규가 문란해져서 마침내 일본군은 참패했는데, 여사히 계월향은
천한 기생의 몸임에도 불구하고 조선의 위급을 구하기 위하여서는 자기의
몸을 희생한 것으로써 제자도 계월향의 거룩한 희생과 같이 조선의 회복
을 위하여 일러줄 것"의 취지,

(라) 동년 10월경 당시의 2년생 50여명에 대하여 "옛 신라의 마의태자는
그 부친인 신라왕이 타 민족에게 항복한 것을 부끄러이 여겨 그의 생애를
조국 부흥에 바쳤는데, 제자는 현재 타국의 식민지가 된 조선에는 유구한
역사가 있음을 잊지 말고, 마의태자와 같이 조국을 걱정하는 정신을 가져
줄 것"의 취지,

(마) 1939년(소화 14) 5월경 당시의 2년생 50여명에 대하여 "조선인과 일
본인은 원래 숙적의 사이로서 조선인은 일본인보다 우수한 두뇌를 소지하
고 있음에도 불구하고 내홍의 폐습으로 해서 국가를 잃고서 이민족의 지
배를 받게 됨에 이른 것인 바 우리들 조선 민족은 하루라도 속히 파벌투쟁
의 악습관을 고쳐서 자유를 얻도록 노력하지 않으면 아니 되는 것"의 취지,
설술하여 조선 독립의 목적을 가지고 그 목적인 사항의 실행을 선동하고,

(2) 1941년(소화 16) 4월 전기 조선어학회의 사무원이 된 이래 1942년(소
화 17) 9월경까지 조선어학회의 사무실에서 동회가 조선의 독립을 목적으

로 하는 사정을 알면서도 전기 조선어사전 편찬에 종사함으로써 상기 결사의 목적 수행을 위한 행위를 한 자로서 전기 피고인 이극로, 동 이우식, 동 이인, 동 김법린, 동 정태진 등의 소위는 각 범의 계속에 관련되는 것이 됨.

이상의 사실은 공판에 부침에 족할 만한 범죄의 혐의가 있음.

피고인 이극로, 동 최현배, 동 이희승의 조선 독립의 목적을 가지고 결사를 조직하여 그 목적 수행을 위한 행위를 한 점, 동 김법린의 동 결사에 가입한 점, 동 이중화, 동 이우식, 동 김양수, 동 장현식, 동 김도연, 동 이인 및 정태진의 동 결사의 목적 수행을 위하여 한 행위를 한 점은 각각 개정 치안유지법 제1조 후단에 동 이극로, 동 이우식 및 이인의 동 목적을 가지고 그 목적인 사항의 실행에 관하여 협의하고, 동 김법린 및 동 정태진의 동 목적을 가지고 그 목적인 사항의 실행을 선동한 점은 각각 개정 치안유지법 제5조에 해당되고, 피고인 이극로, 동 이우식, 동 이인, 동 김법린, 동 정태진의 소위는 어느 것이나 연죄에 관련되는 것으로써 각각 형법 제59조를 적용하고, 피고인 이극로에 대해서는 전기 결사 조직죄, 동 이우식, 동 이인 및 동 정태진에 대해서는 각 전기 결사 목적 수행 행위죄 일죄로 하고, 동 피고인 김양수, 동 장현식, 동 김도연 및 이인의 전기 결사 목적 수행 행위죄는 어느 것이나 개정 규정에 정하는 형에 가중이 있을 때 관련됨으로써 개정 치안유지법, 형법 제10조에 의하여 개정 전의 치안유지법 제1조1항 연단의 각형에 따라 각각 처죄해사할 위죄라고 사료됨으로써 형사소송법 제304조에 따라 공판에 부치는 언도를 할 것이고, 동 공판 사실 중 (1) 피고인 이극로, 동 정현동, 동 장지영 및 동 정열모가 이윤재, 신명균 및 권덕규와 같이 1929년(소화 4년의 실행 31일 조선 독립의 목적을 가지고 전기 조선어사전 편찬회를 결성하고, 피고인 이희승, 동 이우식 및 김법린이 사정을 알면서 결사에 가입하고 (2) 제1의 (2) 제기의 조선 독립운동의 투사 및 독립 후의 인재를 양성할 결사 조직에 대하여 피고인 이극로 및 이희승의 구 명이 19조 그 목적인 사항의 수행, 하순경 경성부 죽첨정의 피고인 이희승, 동 이인, 독립의 목적을 가지고 그 목적 수행 사항의 실행을 기할 협의를 하고, (3) 피고인 장지영 및 피고인 정열모의 양 피고인, 피고인 이극로 외 4명과 제일의 (1) 제기와 같이 조선어학회라고 칭하는, 독립을 목적으로 하는 결사를 조직하고 피고인 장지영이 동항 (가) 동 목적을 (마) (바) 제기와 같이 전기 결사의 목적 수행을 위한 행위를 하고, (사) 피고인 정열모가 1931년(소화 6) 4월경부터 1939년(소화 14) (바) 까지의 사이에 사립 김천중학교 교원 또는 교장으로서 조선 독립의 목적을 가지고 수업 시간 또는 훈화 때 일)에 대하여 조선 언문의 우수성을 강조하고, 혹은 이희승 사실을 인용하는 등으로 민족 의식을 주입해서 조선 독립 운동의 투사로 실행으로 그 목적인 사항의 실행을 선동한 것들 승택 사실에 대하여서는 공판에 부치는데 족할 만한 범죄의 혐의가 없음으로써 피고인 장지영 및 동 정열모의 양 피고인에 대한 여상택 사실에 대하여서는 형사소송법 제313조에 따라 면소의 언도를 할 것이고, 피고인 이극로 및 동 최현배에 대한 위의 (1)의 결사조직, 피고인 이희승, 동 이우식 및 동 김법린에 대한 동 결사 가입의 각 사실, 피고인 이극로, 동 이희승에 대한 (2)의 사실에 대하여서는 판시 인정의 사실과 연속일 죄로서의 면소의 언도를 하지 않음.

○○○○○○○결정하였음.

1943년 9월 30일

함흥지방법원 예심계
조선총독부판사 중야호옹 우승본야

조선총독부재판소서기 송천요치

참고문헌

경남도민일보 이은상, 조두남논쟁편찬위원회, 『이은상·조두남 논쟁』, 불휘. 2006.

고길섶, 『스물 한 통의 역사 진정서』, 앨피, 2005.

고영근, 「이극로의 사회 사상과 어문운동」, 『조선인물사연구』 제5호, 조선인물사연구소, 2006.

고영근, 『민족어의 수호와 발전』, 제이앤씨, 2008.

고영근, 『조선어문운동과 근대화』, 탑출판사, 1998.

김민수, 「조선어학회 창립과 그 연혁」, 『주시경학보』 제5호, 1990.

김석득, 「애산 선생의 정신 세계와 그 계승」, 『겨레의 큰 스승 애산 이인 선생 추모 강연회』, 대구광역시·한글학회, 2013. 5. 3.

김석득, 「한결 선생의 조선문자 급 어학사」, 『애산학보』 제36호, 2010.

김승곤, 「건재 정인승 선생의 생애와 학문」, 『새국어생활』 제6권 제3호, 국립국어연구원, 1996.

김영황, 『조선어학사연구』, 김일성종합대학출판사, 1996.

김하수, 「식민지 문화 운동 과정에서 찾아 본 이극로의 의미」, 『주시경학보』 제10호, 1992.

김호일, 「항일독립운동으로서의 조선어학회 수난」, 『애산학보』 제32호, 2006.

김후경, 『대한민국독립운동공훈사』, 광복출판사, 1983,

노산문학회, 『노산의 문학과 인간』, 횃불사. 1982.

조동일, 『조선 문학 통사』5, 지식산업사. 2005.

김복근, 「이은상 시조 연구」, 창원대학교 교육대학원 석사 학위 논문. 1998.

황혜정, 「경남 마산 지역의 친일의혹 인물과 기념 사업 논쟁―이은상, 조
　　두남, 장지연을 중심으로」, 창원대학교 교육대학원 석사 학위 논문,
　　2009.

독립운동사편찬위원회, 『독립운동사』 제8권, 1976.

박병채, 「일제하의 독립운동에 관한 연구」, 『일제 하의 문화 운동사』 현음
　　사, 1982.

박용규, 「애산 이인 선생의 민족사적 위상」, 『겨레의 큰 스승 애산 이인 선
　　생 추모 강연회』, 대구광역시·한글학회, 2013. 5. 3.

박용규, 「1920년대 이극로의 독립운동, 독립투쟁과 현실 인식」, 『역사문화
　　연구』 제31집, 2008.

박용규, 「일제 강점 해방공간기 이만규의 기독교 인식」, 『조선사상사학』
　　제17집, 2001.

박용규, 「조선어학회 사건이 가지고 있는 역사적 의미」, 『공공언어호서의
　　행정언어』 2011년 동계학술발표대회 자료집, 2011.

박용규, 「해방후 한글 운동에서의 이극로의 위상」, 『동양학』 제45집, 2009.

박용규, 『북으로 간 한글 운동가 이극로 평전』, 차송, 2005.

박용규, 『조선어학회 항일투쟁사』, 한글학회, 2013.

박종국, 「한결 김윤경 선생의 생애」, 『애산학보』 제36호, 2010.

송건호, 『조선현대사론』, 조선신학연구소출판부, 1979.

송철의, 「일석 이희승 선생의 어문관과 한글 맞춤법」, 『애산학보』 제37호, 2011.

애산 이인 선생 기념 사업회, 『애산 이인』, 역락, 2014.

양성숙, 「수양동우회 및 조선어학회 사건과 서대문형무소」, 『순국』 144, 2003.

이강로, 「건재 선생이 사전 편찬에 남긴 이야기」, 『새국어생활』 제6권 제3
　　호, 국립국어연구원, 1996.

이극로, 『고투사십년』, 을유문화사, 1947.

이극로기념사업회 편, 『이극로의 우리 말글 연구와 민족운동』, 선인, 2010.

이만규, 『조선교육사』, 살림터, 2010.

이병근, 「일석 이희승 선생 연보」, 『애산학보』 제37호, 2011.

이병기, 『가람일기』, 신구문화사, 1976

이상규, 『한국어방언학』, 학연사, 2003.

이상규, 「외솔 최현배 선생의 언어생태주의 언어관」, 울산시 주최 한글날
　　　기념 학술대회, 2012. 10. 9.

이상규, 『방언의 미학』, 살림, 2006.

이상규, 『둥지 밖의 언어』, 생각의 나무, 2009.

이상규, 「환산 이윤재 선생의 나랏말의 표준화를 꿈꾸다」, 한글학회 대구
　　　지회 월례 발표, 2012. 10.

이석린, 「조선어학회와 최현배 박사」, 『나라사랑』 제1호, 외솔회, 1971.

이응호, 「조선어학회사건」, 『한글새소식』 40~83, 1975~1979.

이윤재, 『표준 조선말 사전』, 정음사, 1948.

이종룡, 「이극로 연구」, 부산대학교교육대학원 석사논문, 1993.

이준식, 「외솔과 조선어학회」, 『현상과 인식』 18권 3호, 1994. 가을호.

이지원, 「일제하 안재홍의 현실인식과 민족 해방운동론」, 『역사와 현실』
　　　제6집, 1991.

이희승, 「국어를 지킨 죄로」, 『한국현대사』 5, 신구문화사, 1973.

임홍빈, 「일석 이희승 선생의 국어학 연구」, 『애산학보』 제37호, 2011.

전광현, 「일석 선생의 생애와 학문」, 『새국어생활』 제4권 제3호, 국립국어
　　　원, 1994.

정긍식, 「조선어학회 사건에 대한 법적 분석」, 『애산학보』 제32호, 2006.

정선태 옮김, 『생활 속의 식민주의』, 산처럼, 2006.

정선태 옮김, 『창씨개명』, 산처럼, 2008.

정순기 외, 『조선어학회와 그 활동』, 조선문화사, 2001.

정열모, 『신라향가주해』, 조선문화사, 1999.

정열모, 『신편고등국어문법』, 한글문화사, 1946.

정인승, 「남기고 싶은 이야기들, 조선어학회 사건」, 중앙일보, 1972.

정재도, 「나라 사랑 덩어리 노산 이은상 선생」, 『얼음장 밑에서도 물은 흘러』, 한글학회, 1993.

정재환, 『한글의 시대를 열다』, 경인출판사, 2013.

정진석, 『문자보급운동교재』, LG상남언론재단, 1999.

정해동, 「선친과 그 주변 사람들을 생각하며」, 『애산학보』 제32호, 2006.

조동걸, 『조선현대사학사』, 나남출판사, 1998.

조재수, 「조선어학회와 큰사전」, 『애산학보』 제32호, 2006.

최경봉, 「일제강점기 조선어학회 활동의 역사적 의미—『해방전후사의 재인식』에 나타난 인식 태도를 비판하며」, 『민족문학사연구』, 2006.

최낙복, 『개화기 국어문법의 연구』, 역락, 2009.

최현배, 『글자의 혁명』, 군정청 문교부, 1947.

한글학회 편, 『얼음장 밑에서도 물은 흘러』, 한글학회, 1993.

한글학회 편, 『한글학회 50년사』, 한글학회, 1971.

한글학회, 「건재 정인승 선생 해적이」, 『한글』 제191호, 1986.

한글학회, 「외솔 최현배 선생에 대한 연구 논문 죽보기」, 『한글』 제207호, 1990.

한글학회, 「외솔 최현배 선생의 해적이」, 『한글』 제207호, 1990.

한글학회, 『한글학회50년사』, 한글학회, 1971.

한글학회, 『조선어학회 선열들의 발자취』, 2014.

한인섭, 『식민지 법정에서 독립을 변론하다』, 경인문화사, 2012.

한인섭, 「이인 변호사의 항일 변론 투쟁과 수난」, 『겨레의 큰 스승 애산 이인 선생 추모 강연회』, 대구광역시·한글학회, 2013. 5. 3.

허재영, 『일제강점기 어문정책과 어문생활』, 도서출판 경진, 2011.

저자 **이상규**__ 경북대학교 인문대학 교수

지은이 이상규(1953~)는 경북 영천 출생으로 경북대학교 문리과대학 및 동대학 대학원을 졸업하였다. 한국정신문화연구원 방언조사연구원 및 울산대학교 조교수를 거쳐 현재 경북대학교 인문대학 교수. 도쿄대학교 대학원 객원 연구교수, 중국해양대학교 고문교수와 국립국어원장과 남북겨레말큰사전편찬위원 및 동 이사를 역임했다. 현 한국문학언어학회 회장, 국어정책학회 회장, 한글학회 이사, 방언학회 부회장을 맡고 있다.

저서로는 『한국어방언학』, 『경북방언사전』(학술원우수도서), 『둥지 밖의 언어』, 『방언의 미학』, 『언어지도의 미래』(문화체육관광부 우수도서), 『한글고문서연구』(학술원우수도서) 등과 논문 「『훈민정음』 영인 이본의 권점 분석」, 『어문학』 제100호, 한국어문학회, 2009, 「디지털 시대에 한글의 미래」, 『우리말연구』 제25집, 우리말연구학회, 2009, 「잔본 상주본 『훈민정음』, 『한글』 제298집, 한글학회, 2012., 「Hangeul, The Greatest Letters」, 『Koreana』 Vol. 21 No. 3, 2007, 『Gyeoremalkeunsajeon : An Alternative to Inter-Korean Communication』, 『ASIA』 Vol. 2-3. 등이 있다.

일석학술장려상(1986), 외솔학술상(2011), 봉운학술상(2012), 대통령표창(2004)을 수상하였다.

경북대 인문교양총서 **22**
조선어학회 33인 열전
민족의 말은 정신, 글은 생명

초판 인쇄 2014년 12월 19일
초판 발행 2014년 12월 29일

지은이 이상규
기 획 경북대학교 인문대학
펴낸이 이대현
편 집 이소희 권분옥 박선주
디자인 이홍주
마케팅 박태훈 안현진

펴낸곳 도서출판 역락
주 소 서울시 서초구 동광로46길 6-6 문창빌딩 2층
전 화 02-3409-2060(편집), 2058(마케팅)
팩 스 02-3409-2059
등 록 1999년 4월 19일 제303-2002-000014호
전자우편 youkrack@hanmail.net

값 12,500원
ISBN 978-89-5556-081-7 04710
     978-89-5556-896-7 세트

이 도서의 국립중앙도서관 출판시도서목록(CIP)은 서지정보유통지원시스템 홈페이지(http://seoji.nl.go.kr)와 국가자료공동목록시스템(http://www.nl.go.kr/kolisnet)에서 이용하실 수 있습니다.(CIP제어번호 : CIP2013016026)